山西文華·史料編

平陽府志

清康熙版 第一册

卷首至卷六

劉益令◎整理

《山西文華》編纂委員會 編

山西出版傳媒集團
三晋出版社

圖書在版編目(CIP)數據

平陽府志：清康熙版 / 劉益令整理. —太原：三晋出版社，2016.10

ISBN 978-7-5457-1411-1

Ⅰ. ①平… Ⅱ. ①劉… Ⅲ. ①臨汾縣—地方志—清代 Ⅳ. ①K292.54

中國版本圖書館 CIP 數據核字(2016)第 253904 號

平陽府志（清康熙版）

整　　理：劉益令
責任編輯：解　瑞
封扉設計：山西天目·王明自

出 版 者：山西出版傳媒集團·三晋出版社（原山西古籍出版社）
地　　址：太原市建設南路 21 號
郵　　編：030012
電　　話：0351–4922268（發行中心）
　　　　　0351–4956036（總編室）
　　　　　0351–4922203（印製部）
網　　址：http://www.sjcbs.cn

經 銷 者：新華書店
承 印 者：山西人民印刷有限責任公司

開　　本：700mm × 1000mm　1/16
印　　張：259.75
字　　數：1750 千字
版　　次：2016 年 10 月　第 1 版
印　　次：2016 年 10 月　第 1 次印刷
書　　號：ISBN　978-7-5457-1411-1
定　　價：1040.00 圓（全十册）

ISBN 978-7-5457-1411-1
9 787545 714111 >

《山西文華》編纂委員會

《山西文華》學術顧問委員會

（按姓氏筆畫排序）

李　零　李文儒　李學勤　袁行霈　唐浩明
梁　衡　張　頷　張光華　葛劍雄　楊建業

《山西文華》分編主編

著述編　劉毓慶　渠傳福
史料編　張慶捷　李晋林
圖録編　李德仁　趙瑞民

出版説明

山西東屏太行，西瀕黄河，北通塞外，南控中原，是中華民族的主要發祥地之一。中華文明輝煌燦爛，三晋文化源遠流長。歷史文獻豐富、文化遺産厚重，形成了兼容並包、積澱深厚、韵味獨特的晋文化。山西省政府決定編纂大型歷史文獻叢書《山西文華》，以彙集三晋文獻、傳承三晋文化、弘揚三晋文明。

《山西文華》力求把握正確方向，尊重歷史原貌，突出山西特色，薈萃文化精華，按照搶救、保護、整理、傳承的原則整理出版圖書。叢書規模大，編纂時間長，參與人員多，特將有關編纂則例簡要説明如下。

一、《山西文華》是有關山西現今地域的大型歷史文獻叢書，分「著述編」「史料編」「圖録編」。每編之下項目平列；重大系列性項目，按其項目規模特徵，制定合理的編纂方式。

二、「著述編」以一九四九年十月一日前山西籍作者（含長期在晋之作者）的著述爲主，兼收今人有關山西歷史文化的研究性著述。

三、「史料編」收録一九四九年十月一日前有關山西的方志、金石、日記、年譜、族譜、檔案、報刊等史料，

以影印爲主要整理方式。

四、「圖録編」主要收録一九四九年十月一日前有關山西的文化遺産精華，包括古代建築、壁畫、彩塑、書畫、民間藝術等，兼收古地圖等大型圖文資料。

五、今人著述采用簡體漢字横排，古代著述采用繁體漢字横排。

《山西文華》編纂委員會

出版前言

平陽府，宋政和六年（一一一六）由晋州升置。元初，改名平陽路，大德九年（一三〇五）改爲晋寧路。明洪武元年（一三六八）復爲平陽府，清代一直沿用，民國元年（一九一二）廢。清代初期，平陽府轄六州二十八縣：臨汾、襄陵、洪洞、浮山、趙城、岳陽、曲沃、翼城、太平、汾西、靈石、蒲縣、蒲州、臨晋、榮河、猗氏、萬泉、河津、解州、安邑、夏縣、聞喜、平陸、芮城、絳州、稷山、絳縣、垣曲、霍州、吉州、鄉寧、隰州、大寧、永和。幾經變更後，領十縣一州：臨汾、洪洞、浮山、岳陽、曲沃、翼城、太平、襄陵、汾西、鄉寧、吉州。故治在今臨汾市。

康熙《平陽府志》三十六卷，劉棨修，孔尚任、高孝本等纂。劉棨，字青嶺，山東諸城人，康熙二十四年（一六八五）進士，康熙四十三年（一七〇四）任平陽知府。孔尚任（一六四八—一七一八），字聘之，一字季重，號東塘，别號岸堂、雲亭山人，山東曲阜人。著有名作《桃花扇》，另有《岸堂稿》《湖海集》等。初授國子監博士，官至户部主事，陞員外郎，康熙三十八年辭官歸里。康熙四十六年，受劉棨之邀赴晋參修《平陽府志》。高孝本，浙江嘉興人，康熙進士。劉棨於康熙四十六年秋，政事稍暇，遂延請尚任、孝本設局始修，檄各轄縣徵舊志，搜集斷簡殘碑。據萬曆志增補，於康熙四十七年（一七〇八）冬成稿並付梓。後又在職官類空處補刻，故記事最晚至康熙四十九年。全志凡圖考、星野、建置沿革、疆域、山川、關津、城池、公署、學校、祠祀、户口、

田賦、水利、屯田、鹽法、郵政、兵防、帝王、職官、宦績、選舉、封廕、人物、隱逸、流寓、列女、仙釋、方伎、風俗、物産、古蹟、陵墓、寺觀、祥異、雜志、藝文三十六目。卷首有劉棨序。圖考五十餘幅，有星宿圖、平陽府疆域圖、府城圖、府署圖、學府圖、平陽府所屬三十四州縣圖、堯舜禹建都圖以及霍山、中條山、壺口、龍門、三門砥柱、汾陰祠、姑射仙洞等山水勝迹圖。

該志主要特點有四：一是辨析歸屬，取捨有度。如對古蹟的記載，采取了「鄙俚不經者删去，宜歸山水者改正，彼此牽扯者參考互訂」的辦法，做到歸屬有致，務存其實。平陽府所屬地域人物繁盛，人物的分類歸屬十分敏感。如卜子夏不是土著人物，歸入鄉賢不合理，故編入流寓之中。崇祀十哲歸入鄉賢，不合義理，單列一類。選舉卷中，考慮到文武各科人才浩繁，不勝收録，所以對於貢士祇收録府學和運學所出，各州縣貢士祇記出仕者，且教職丞簿以下不予收録。二是革故鼎新，務求合理明晰。山川卷舊志將三十四個所屬州縣合而爲一，有混雜不清之弊。此志則按州縣分別記述，做到了條理清晰，歸屬分明，既易於編寫，又便於檢索查閲。編者敢於行前人所未行，設置兵氛一卷，詳記上起陶唐下迄清康熙年間的歷代重要戰爭兵事，對於瞭解歷史上平陽府的重要戰略地位大有裨益。祥異一卷則注重對歷代自然災害的記載，對地震、洪澇、旱災、蝗災、風災等記述尤詳，對於研究臨汾、運城災害發生規律頗爲有益。三是搜羅資料，取之有據。許多文人學者都指責舊志資料不可靠，而該志則十分注重運用官方資料。如屯田卷所取資料「一照衛所册，一照總鎮册」。而田賦中「蠲免發帑等事，據州縣所報恭紀」。就地取材，運用已有州縣志資料是編修志書的有效途徑。是

志祥異卷「以通志爲據，採各州縣宜增者增之」。鹽法卷中「泉澗、灘渠、堤堰於鹽池有關者，俱採附近州縣各志並《鹽政全書》」。對於影響重大、易起紛争的事項注重勘查驗證。如水利卷「水利惟平陽最爲關係，地狹而瘠，高原平坡，不恃天而恃水，争端所在，性命以之。志載從前定案一字不移，間有變通者，必身履其地，相形度勢，費盡調劑，務息紛争」。四是内容全面，記述詳贍。每記一事，必將所有屬項羅致齊全。如藝文卷包括歷朝御制、奏疏、狀、檄、書引、議、論、辯、説、注、問對、跋、記、序、碑銘、傳、祭文、賦、歌行、辭、詩等各種體裁的作品。其中，唐司空圖《中條山居記》、宋黄庭堅《伯夷叔齊祠記》、明楊廷和《弘治丙辰重修〈蒲州志〉序》等頗爲珍貴。物産卷涉及穀屬、蔬屬、瓜屬、果屬、木屬、花屬、草屬、藥屬、羽屬、毛屬、鱗屬、貨屬、帛屬、金屬等十四大類，當地物産可謂應有盡有。鹽法一卷從縱向看，歷數唐虞、周、秦、漢、北魏、隋、唐、宋、元、明、清初各代鹽法變遷；横向則包括引票、行鹽、鹽丁、料臺、募役、額解、差官等有關鹽政鹽法的重要事項，對山西鹽業史研究具有重要價值。如額銷鹽引既有全省總額，又有平陽府數額，還詳列各州縣數額。當時，全省每年額銷鹽引十九萬七千一百六十一引，而平陽府即占十萬七千七百七十五引，足見平陽府在山西鹽業生産銷售方面舉足輕重的地位。平陽府不僅土著人物繁盛，而且歷代名人在域内也留下了許多行蹤事迹。伯夷、叔齊、豫讓、范蠡、猗頓、蔡倫、謝安、孫思邈、李商隱、歐陽修、顧炎武等重要歷史人物在流寓卷中均有記述。

康熙《平陽府志》堪稱名家名志，《續修四庫全書提要》高度評價：「是編則分載州縣，高下了然，具其形

勢相宜，彼此互見者，必收求證據，辨其本末，晰其支脈，務使展卷即明。」康熙《平陽府志》有康熙四十七年刻本、康熙四十九年補刻本，北京大學圖書館、山西省圖書館等處有藏。

此次影印出版的《平陽府志》根據康熙四十七年刻本整理，其中卷之八原第三十頁背面、卷之八原第三十一頁正面、卷之十九原第九十七頁正背面殘缺，現補爲空白頁。該志分目明晰，大致一卷一目，而「詳異」後附「歷代兵氛」，蓋因平陽要地，故兵戎大事詳志之。「祥異」一卷中「歷代兵氛」單列頁眉「兵氛」，其所占頁碼亦遠超「祥異」本身，因此爲了讀者閱讀使用方便，我們也將「歷代兵氛」單列出來，并加頁眉，特此説明。

劉益令

二〇一六年十月

目録

第一册

第二册

第三册

第四册

第五册

第六册

第七册

第八册

第九册

第十册

序

周禮大司徒掌建邦之土地人民周知地域廣輪之數辨其山林川澤丘陵墳衍原隰之名物相厥土宜於以布其

教而安其俗猶與何其重也
迨後地拓世殊祖其意者曰
統志曰通志而郡邑之紀載
尤職詳焉平陽郡屬視全省
幾三之一幅幀號稱廣大甲

申冬　祭　欽承
帝命召試乾清簡拔守土甫下
車考其圖籍緊維舊志一編
修于明神廟時距今葢百年
矣顧念平陽爲唐虞夏故都

其淳悶樸茂所留貽聖哲名
人多出其間係古以來逈殊
于他郡乙亥地震
皇上遣官發帑繕城郭建學校
取顛覆而噢咻之俾不至一

民一物之失所逌百年之内
紀載闕如其胡可以弗皴謝
時薄歲暮卒卒未遑明年嘗
召三十四城屬吏先後諭誡
之課以職業或至于再至于

三以覘其才守治行之奚若
又明年行部州縣締視其城
郭村市險要阨塞與夫文教
之頹振民物之淳漓豐嗇愼
固而調劑之其他務之手營

心瘁者蓋亦無寧晷也丁亥
秋事稍豫顧謂二三同人曰
可矣遂檄所屬徵舊乘裒典
故雖故家譜牒殘碑斷碣不
遺焉批閱商確共成三十六

卷其所訂正復得鄉先生之力居多越十七晦朔而書成天下事患于不爲爲之而又知其難也夫人一家之中歷世久遠使之上溯高曾而述

其所爲亦或荒渺莫稽况乎
地方二千里變故日多文獻
日就湮滅卷帙之僅存者既
多舛譌不可信其近今所捃
摭又復名實互淆信疑叅半

如是而欲訂其謬鑒擇之精而語之詳豈不難哉然而焚膏矻矻不敢憚勞所謂百年之内紀載闕如者亦幾幾乎可以備一郡之觀紹前賢之

緒矣而獨有向所不及詳者平之爲郡地似腴而實瘠民似勁而實柔環顧境内四匝皆山土多磽确犖确蒲解間稍平又苦沮洳斥鹵河汾之

水衝決不常自一二巨室外鶉衣藿食所在多有而又土無物產人無伎巧惟知力稼穡事懋遷雖曰西接延綏北連邊塞其鷙勇悍急之性絕

不相類爲長吏者方且愛惜長養提赤子而納諸慈父母之懷猶懼體恤之弗至而謂此蚩蚩柔且瘠之氓可朘削其脂膏殘焉以自逞也忍乎

哉曩者

皇上加意西土特行廵幸禮高

年蠲租賦古帝王祠廟

天章燗然平陽爲唐虞夏故都

堯舜禹所已行與未及行者

一振舉間無不過者化存者
神道源契合于是編在敢不
拜手稽首忭舞而編輯之也
哉　叅　不同司徒之所掌而守
土之職固

平陽府志 序

皇上簡拔而鄭重畀之者也體黼座軫念民艱之意當民氣漸復之時又稔知此邦之人之柔且瘠而愛惜長養之爲急不揣愚昧兼資衆長勒成一

書用以告官茲士者且不敢以其難者遺後之君子也謹序

康熙四十有七年歲次戊子仲冬穀旦

賜進士出身山西平陽府知府

東武劉棨譔

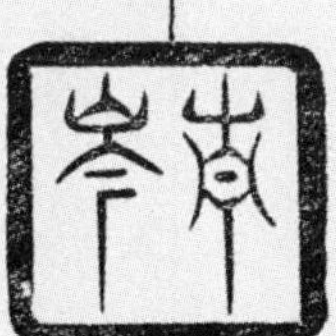

平陽府志

凡例

一志者紀事之書也古與史合體與史殊九州之地唐虞載諸禹貢周禮列於職方小史掌邦國志外史掌四方志固與太史内史不相侔矣嬴虐項暴圖籍化爲焦土其後拾遺爲輿地圖唐爲括地志宋爲寰宇志元明爲一統志歷代之史相資爲用究之史自爲史志自爲志也體有一定無取新奇故

國朝一統志各省通志義例大抵相同近見州縣志間有

標列名目高自位置年表倣龍門綱目襲紫陽以郡邑之簡編擅朝廷之法制僭妄之罪則吾豈敢

一府志難於省志與州縣志盖省志宜簡州縣志宜詳府志折衷其間詳簡各適所以難也而平陽則尤難地大屬多人繁事雜文册紛如牛毛一事之疑一字之訛遍詢三十四屬攷核之煩目盲頭眩此詳之不勝詳也舊志於明穆宗以前事猶稍具神宗時未經論定者已不在内况又百餘年來其間淪於闖賊躪於姜逆散於凶荒灰燼澌滅于地震舉一郡之典章

制度聲名文物求什一於千百而不可得惡能不簡
夫救殘補缺有司之責也顯微闡幽命筆者之事也
凡人與事關係地方者攷辨不厭精詳若勳業著於
旂常鴻文傳於藝苑世有耳目胥見熟聞無俟繁多
槩不登載
一志圖例有八景識者貽譏舊志不免又於各屬缺如
今始繫一郡總圖繼分三十四屬而以山川名勝之
最巨者終之既有領要庶便流覽焉
一建置沿革載在舊志者未敢雷同如唐叔遺封太原

越千里而據之晉國舊都翼城曲沃絳州太平聞喜猗氏羣起而爭之不定源流徒滋聚訟今本春秋左傳史記漢書參以目前形勢詳互考訂殊費苦心世不乏淹通之君子願是正之

一山川舊志三十四處合而爲一觀者茫然莫知所屬今分載州縣高下瞭然其形勢相似彼此互見者必搜求證據辨其本末晰其支派俾登臨者知所適從把卷者可當卧遊也

一一方保障賴有城池創始重修必書以有功德於民

也關鎮堡寨以險隘附焉公署準此
一學校祀舊志加詳崇聖道廣教化也名宦鄉賢姓氏
前人不錄亦以輓近多緣飾彝典反輕然餼羊猶存
何必廢也所可異者蒼頡風后契稷臯夔伯益伯夷
義和龍垂關龍逄巫咸巫賢傳説諸聖人功德在萬
世使　宣聖而在過其祠墓必加尊禮乃今列於㦸
門之外羣然雜處無論諸公不敢相抗即　宣聖南
面臨之似亦有難安者惟所在州縣修理專祠迎入
木主春秋致祀以示尊崇庶㦸門外兩祠得以安坐

也又流寓非土著不必入鄉賢中若子夏旣係流寓又崇祀十哲屈居鄉賢義無所取均爲改正至義縱身爲酷吏韋忠劾庇劉聰存其事實黜諸門墻亦義之允當者也

一祠祀合乎祀典者存之以專設爲重州縣共有者卽註於下淫諂不錄

一戶口前載明代之數後載

本朝之數照康熙四十五年逹　部編審册觀者可以知時勢矣

一貢賦前載明代夏税秋糧等項徭載
本朝錢糧據本年徵觧定額明時款項煩多今則總歸戸
部故所載簡於有明此法之所以盡善也其稷山臨
晋等處錢糧之累照縣志吉州蒲縣大寧等處丁銀
之累照州縣詳文芮城灘地照府詳文俱將節畧載
入以禀司牧者之痌瘝焉至蠲免𤼵帑等事據州縣
所報恭紀
皇恩之浩蕩云
一屯田深得古人寓兵于農之意自有明中葉巳失舊

法兵以衛民故云防今之屯丁化爲編氓而總鎮移
駐郡城以壯冀南河東之勢時勢不同故措置各異
一照衛所册一照總鎮册
一鹽法悉照舊志其泉澗灘渠湜堰於鹽池有關者俱
採附近州縣各志並鹽政全書郵政照各州縣現在
開銷數目至曲翼汾芮互爭原案照各志兩存之
一水利惟平陽最爲關係地狹而瘠高原平坡不恃天
而恃水爭端所在性命以之志載從前定案一字不
移間有變通者必身履其地相形度勢費盡調劑務

息紛爭未敢輕爲軒輊也

一職官自萬曆四十三年傅公淑訓後姓名皆不得而知無論他矣事經易代藩冊莫存搜求無術忽題名碑獲於土中按而書之亦一異也州縣志姓名籍貫年分不符者另記各官之末舊志守道鹽院運司武職府屬司獄倉驛等官州縣教官佐貳俱不載仍之明以前職官不載惟有政績者立傳似屬缺典然亦無從稽攷矣

一政績以守臣爲主唐虞三代帝臣王佐萃於平陽春

秋戰國不乏名卿大夫要非守土之官如今之京師大僚不可謂順天名宦也舊渾爲一殊失體裁今起自食采數人其邑歷祀名宦必有功于民者漢唐宋元依次悉錄有明以來分列府州縣蓋明之前地名不一官制屢更難以縷晰也其增入止憑一二節弗概生平若名實相符去任卽爲登記然必博採輿論未敢濫焉其將相大臣文武諸司但有勳澤於地方卽紀事實于簡牘另繫於後不相紊也

一通志名宦中不錄丘和韋陟卓識千古然王琎死守

絳州徐環玉阻兵洪洞晋王克用奉天討罪二人不知大義助惡賊温以致生靈塗炭罪莫甚焉槪爲削去

一曹操專權自恣竊弄神器猶然漢相也其用兵四方皆挾天子之聲靈至曹丕僭據方得稱魏後世不察凡仕建安時者皆繫以魏豈非誤歟悉改正之洪武自三十二年至三十五年本建文年號靖難旣篡其位復革其號孝子慈孫不能爲之掩餙今何必仍然也故職官選舉在此四年内者改歸建文非曰示異

幸質高明

一選舉文武科目自舊志增補至今貢士照舊志止載府學運學其各州縣止載出仕者教職丞簿以下不載不勝錄也

一列女照通志舊府志各州縣舊志新報續志不分節烈分縣備書凡深山窮谷之松貞栢操不致與草木同腐矣闖姜二逆相繼蹂躪殉難者比比孰謂巾幗中無人哉惟續志不合例者置之

一仙釋方技河東一郡何多也張志清田忠良載在元

史諸志遺之見聞所不及有如此其人類非無用者惜乎未引之於大道也寺觀不遺非張二氏之幟藉存鑒戒云耳

一風俗舊志不載唐魏儉陋今胡不然舉其大端有關於世道人心者丁寧告誡思深哉若閭閻節序俱有積習州縣志詳之此内不煩臚列

一古績舊志甚畧今照州縣志可採者增入鄙俚不經者删去宜歸山水者改正彼此牽扯者參考互訂務存其實焉

平陽府志

一堯陵在府東郭行里祀典載東平州洪武初年版圖未一遣祭帝王陵寢奉命者一時妄舉貽誤至今舜陵在安邑鳴條岡祀典載湖廣九疑山作偏於司馬子長後人不信孟子而信子長豈非刺謬竹書曰鳴條有蒼梧山舜崩遂葬焉可以破千古之惑矣夏啓以下陵俱在夏縣北夏王村金泰和間建朝元觀以奉香火而祀典不載亦洪武初地爲王保保所據也湯陵在榮河載祀典或曰在聞喜或曰在偃師風后陵在蒲州南風陵渡潼關志謂即女媧陵陝西通志

因之今趙城侯村里女媧陵載在祀典凡此皆確加考辨不使附會者參焉至關龍逄墓在安邑閔鄉亦有之裴度墓在管城趙鼎墓在衢州本縣亦有之通志謂葬衣冠是矣又姜嫄墓在聞喜稷王山本省凡數見丹朱墓在府西北王曲村又見翼城段干木墓在安邑上段村又見芮城王通墓在太平萬王村又見曲沃河津諸如此類開列於後以待博考近代縉紳之墓通志稍濫今惟

勅建及名著者存之

一祥異以通志爲據採各州縣宜增者增之

一兵氛各志俱無河中用武之地勢在必爭自秦漢以來據二十一史融會貫通俱載全文附于祥異之後闖賊姜逆之變爲害最烈州縣之志有詳有畧訂明於後以爲攷古者之鑑焉

一雜志者山海經齊諧志之類皆外書也通志舊志所載甚少今採各志增入鄙俚者無取焉

平陽府志

目録

平陽府志

平陽府志　四

卷之三十六

藝文

平陽府志

纂修姓氏

纂修

平陽府知府劉　棨　進士　山東諸城人

分纂

孔尚任　原任戶部員外郎　山東曲阜人

高孝本　進士　浙江嘉興人

吳啓元　翰林院孔目　江南徽州人

劉允升　候選知縣　江南桐城人

較正

賈鳴璽 進士 曲沃人

張克嶷 進士翰林 聞喜人

李復泌 進士翰林 絳州人

郭九會 解元 猗氏人

郭于疆 舉人 安邑人

張象蒲 進士翰林 臨汾人

參訂

隰州知州錢以塏 進士 浙江人

吉州知州田鳴玉貢士浙江人

芮城縣知縣邵瓚貢士江南人

垣曲縣知縣許穀進士原任翰林江南人

大寧縣知縣胡文煥舉人江南人

永和縣知縣王士儀進士原任翰林貴州人

采輯

同知劉民瞻廕生廣寧人

通判董紳監生奉天人

臨汾縣知縣李廷瑗舉人山東人

襄陵縣知縣宋繼均舉人四川人

洪洞縣知縣陳兆業舉人福建人

浮山縣知縣張昌吉監生奉天人

岳陽縣知縣王昌祚舉人江南人

趙城縣知縣徐容進士浙江人陞陜西邠州知州
王維貢士河南人

太平縣知縣顧欽貢士江南人

曲沃縣知縣潘錦進士福建人陞吏部主事
彭兆邕監生浙江人

翼城縣知縣馬文鏞監生江南人
李在茲舉人河南人

靈石縣知縣梁國光監生廣寧人

蒲縣知縣朱龍耀舉人廣西人

汾西縣知縣金爵白貢士江南人

蒲州知州朱　碞貢士河南人

臨晉縣知縣徐　炘貢士山東人

滎河縣知縣梅夢紱舉人江南人

猗氏縣知縣葉弘綬進士江南人

萬泉縣知縣瞿亮邦貢士江南人陞中書科

杜能忠進士山東人

河津縣知縣聶　儆舉人福建人

解州知州王柱國監生奉天人

安邑縣知縣張　縉　舉人　雲南人

夏縣知縣蔣起龍　舉人　廣西人

聞喜縣知縣江國棟　貢士　奉天人

平陸縣知縣董之燧　進士　江南人

芮城縣知縣邵　璿

絳州知州胡一俊　監生　順天人

稷山縣知縣謝兆龍　貢士　浙江人

絳縣知縣盧　絳　舉人　湖廣人

垣曲縣知縣許　穀

霍州知州孔興璉舉人曲阜人

吉州知州田鳴玉

鄉寧縣知縣屠煇貢士順天人

隰州知州錢以塏

大寧縣知縣胡文煥

永和縣知縣王士儀

府學教授李修詩舉人介休人

府學訓導馬越歲貢大同人

臨汾縣學教諭趙之瑜舉人清源人

臨汾縣學訓導馬伍梅歲貢汾陽人

襄陵縣學教諭張寅舉人運司人

襄陵縣學訓導閻璽歲貢太原人

洪洞縣學教諭趙連璞舉人介休人
洪洞縣學訓導李　琦歲貢汾陽人
浮山縣學訓導馬世超歲貢高平人
趙城縣學教諭王之瑞歲貢永寧人
趙城縣學訓導郭正方歲貢榆次人
太平縣學教諭牛敬修歲貢太谷人
太平縣學訓導高拱樞歲貢天鎮衛人
岳陽縣學訓導張　鉽歲貢介休人
曲沃縣學教諭趙　亶舉人武鄉人
曲沃縣學訓導王學曾歲貢寧鄉人
翼城縣學教諭武永祚舉人壽陽人
翼城縣學訓導任之皐歲貢石樓人
汾西縣學訓導璩嵩瑞歲貢長治人
蒲縣學訓導劉流芳歲貢崞縣人
靈石縣學教諭武文璧歲貢汾陽人
靈石縣學訓導景文楨歲貢運司人
蒲州學學正張希載歲貢長治人
蒲州學訓導劉必遠歲貢陽曲人

臨晉縣學教諭張　瑄歲貢陽曲人
臨晉縣學訓導牛慎修歲貢太谷人
榮河縣學教諭李育芝拔貢長治人
榮河縣學訓導牛錫極歲貢澤州人
猗氏縣學教諭宋仕顯舉人澤州人
猗氏縣學訓導鄭爲屏歲貢高平人
萬泉縣學訓導李　浩歲貢蔚州人
河津縣學教諭武介宗拔貢盂縣人
河津縣學訓導賀錫緯歲貢天鎮衛人
解州學學正程好生舉人祁縣人
解州學訓導許夢熊歲貢石樓人
安邑縣學教諭張德棠舉人沁水人
安邑縣學訓導姜祖臨歲貢大同人
夏縣學教諭弓　捷拔貢遼州人
夏縣學訓導李儕桂歲貢大同人
聞喜縣學教諭沈源濬歲貢大同人
聞喜縣學訓導賈若瑚歲貢陽曲人
平陸縣學教諭張王屏副榜榆社人

平陸縣學訓導張克睿歲貢崞縣人

芮城縣學教諭姜調泰歲貢汾陽人

芮城縣學訓導蕭志吕歲貢馬邑人

絳州學學正董梅舉人平定州人

絳州學訓導李上升歲貢大同人

稷山縣學教諭張　霦歲貢陽曲人

稷山縣學訓導穆承龍歲貢大同人

絳縣學教諭王勝曾歲貢清源人

垣曲縣學教諭宋企濂拔貢介休人

垣曲縣學訓導范志淹歲貢忻州人

霍州學學正牛懋修舉人太谷人

霍州學訓導武　偉拔貢汾陽人

吉州學學正栗　楚歲貢長治人

鄉寧縣學訓導楊繼宗歲貢樂平人

隰州學學正党應標舉人陽曲人

大寧縣學訓導李鞏皇歲貢靈丘人

永和縣學訓導畢多壽歲貢高平人

運學教授賈三芳

運學訓導劉之俊歲貢交城人

督梓

孔尚佴生員曲阜人

經歷司馮賡貢監浙江人

照磨所章自建監生浙江人

司獄司趙懋炤監生浙江人

抄錄書辦

石賓王翼城人

郭自寬聞喜人

李文珍翼城人

張復良絳州人

李君相絳州人

平陽府志卷之一

圖考

在天成象在地成形有形有象乃命之名名可以文字載也維形與象不可以文字載也古者九州圖籍掌於職方而籍不先圖有以也夫平陽表裏山河星次數宿其爲形象也夥矣雖分野疆域山川城郭各以類紀而仰觀俯察匪圖弗悉作圖考

參宿圖

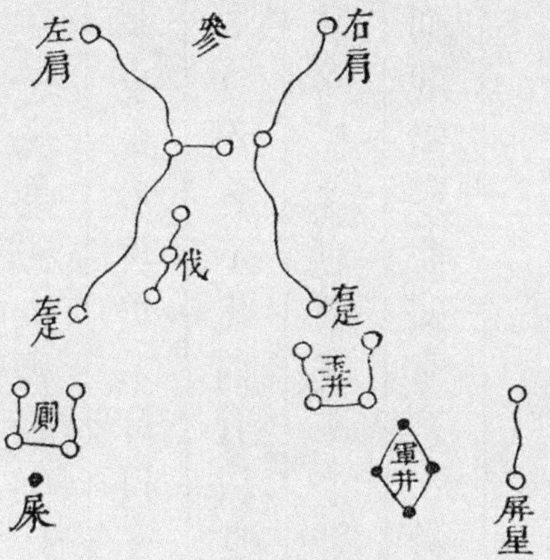

參十星距中星西第一星去極九十二度半〇玉井四星距西北星去極九十八度少入畢宿十一度半〇天屏二星距南星去極一百一十五度入畢宿十三度半〇軍井四星距西南星去極一百五度半入畢十四度〇天廁四星距西北星去極一百一十八度半入參宿二度〇屎一星去極一百一十五度入參宿三度半

觜宿圖

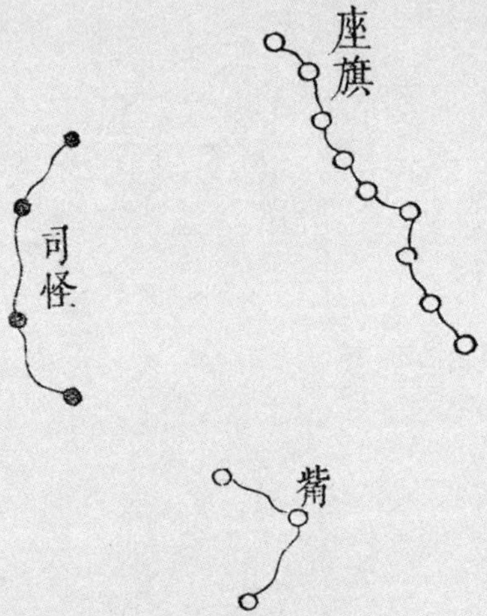

觜三星距西南星去極八十二度半〇座旗九星距南星去極六十度半入參宿八度〇司怪四星距西星去極七十一度入參宿六度半

畢宿圖

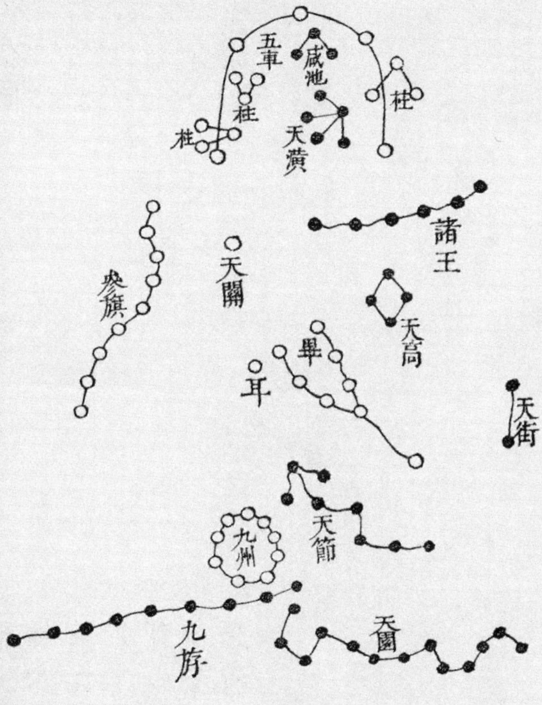

畢八星距右股第一星去極七十五度○天街二星距南星去極七十一度入昴宿十度○附耳一星去極七十七度入畢宿三度○天節八星距北星去極八十度半入畢宿三度○諸王六星距西星去極七十度入畢宿三度○天高四星距東星去極七十四度半入畢宿六度○五車五星三柱九星距大星去極四十七度半入畢宿八度半○天潢五星距西北星去極五十八度入畢宿十一度○咸池三星距南星去極五十一度入畢宿十一度半○天關一星去極七十一度半入觜宿初度○參旗九星距南第一星大星去極八十七度入畢六度○九斿九星距南星去極一百一十三度入畢十二度○天園十一星去極一百二十四度入畢宿五度

張宿圖

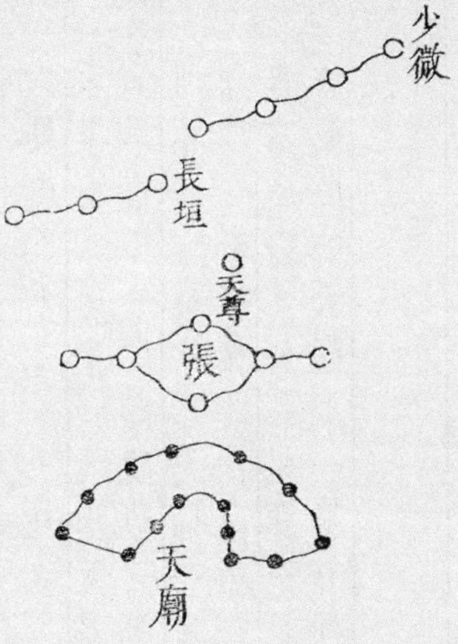

張六星距西第二星去極一百二度半○天廟十四星距西北星去極一百十三度半入栁宿十三度○長垣十四星去極七十六度入張宿十四度○少微四星距東南大星去極六十五度半入張宿十五度半

女宿圖

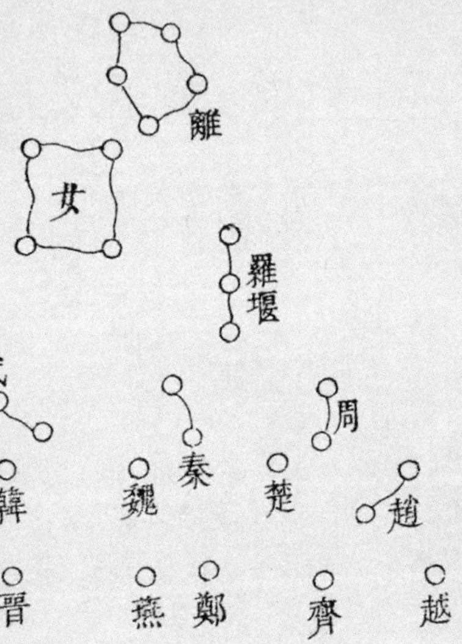

宋天文志曰牛女下有十二諸侯之星齊北二星曰趙秦南二星曰代代西一星曰晉晉北一星曰韓韓北星曰魏

天市垣圖

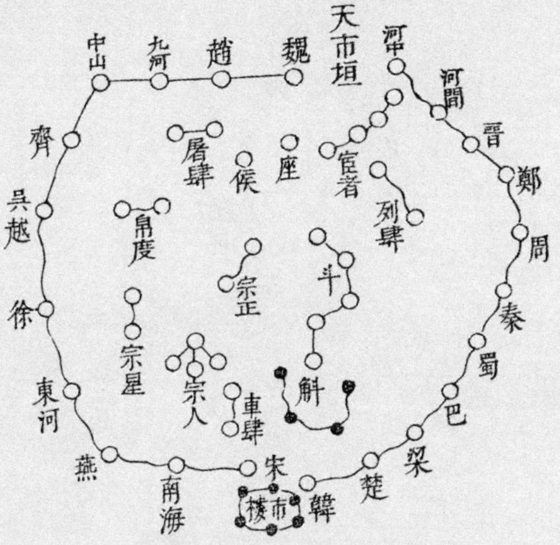

天市垣二十二星五星主晉宋天文志云天垣星在房心東北下照二十二處其東垣十一星第八星曰中山第十星曰趙第十一星曰魏其西垣十一星第一星曰韓第九星曰晉蓋象天王在上諸侯朝王王出臯門大會東方諸侯在應門右西方諸侯在應門左也

北斗圖

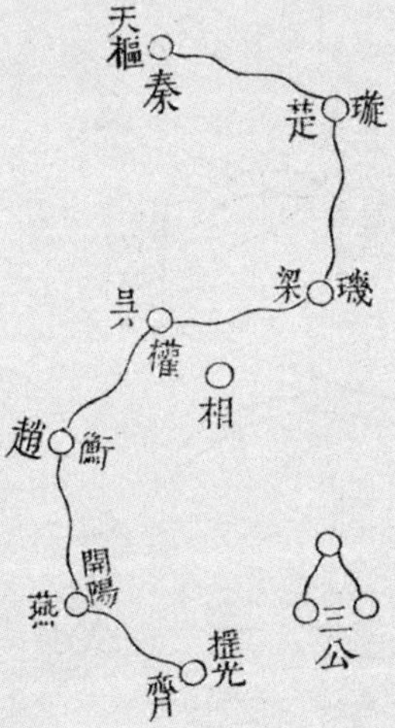

鄭樵曰北斗七星在太微北一曰天樞二曰璇三曰璣四曰權五曰玉衡六曰開陽七曰搖光一至四爲魁五至七爲杓說者謂斗樞冀州之域又春秋緯文耀鉤云太行以東至碣石王屋砥柱冀州屬樞星蓋帝張四維運之以斗月徙一辰復返其所故其主如此

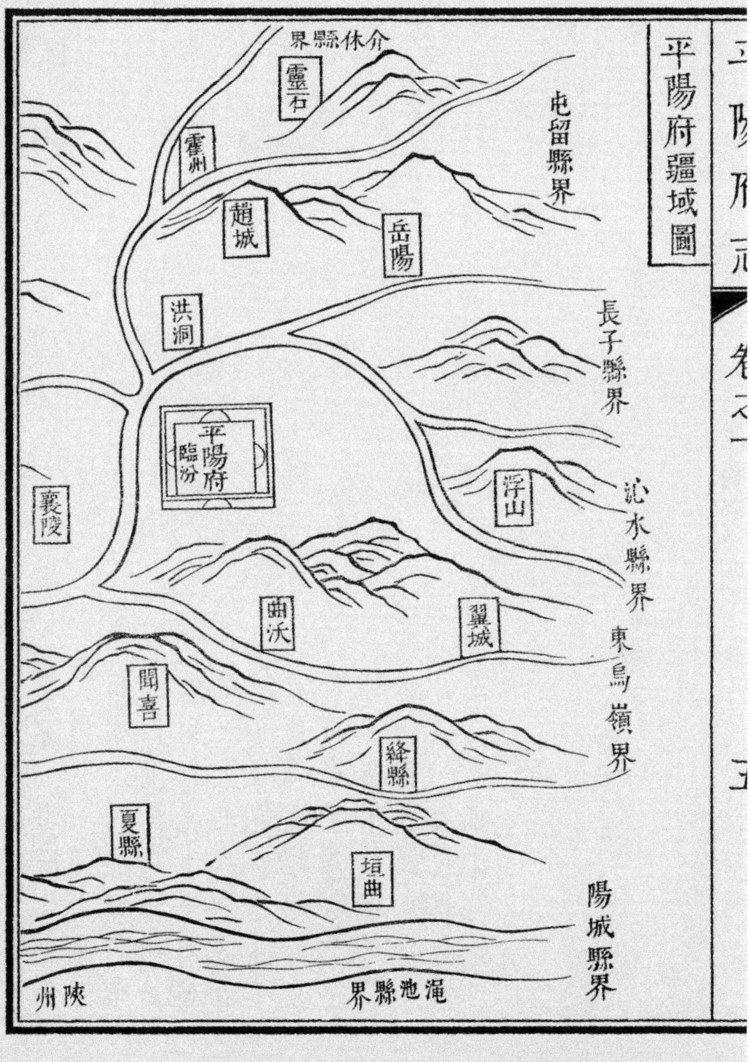
介休縣界
靈石
霍州
屯留縣界
趙城
岳陽
洪洞
長子縣界
平陽府
臨汾
襄陵
浮山
沁水縣界
曲沃
翼城
東烏嶺界
聞喜
絳縣
夏縣
垣曲
陽城縣界
澠池縣界
陝州

平陽府疆域圖

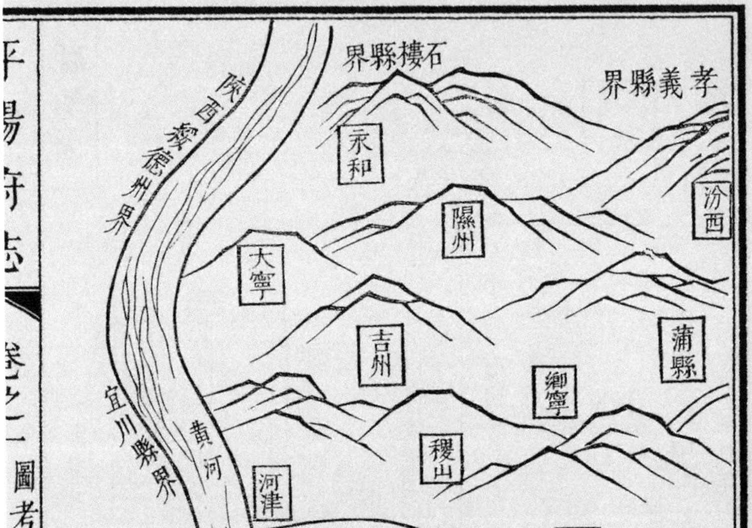
平陽府志
卷之一　圖考
石樓縣界
孝義縣界
陝西綏德州界
永和
隰州
汾西
大寧
吉州
蒲縣
鄉寧
稷山
宜川縣界
黃河
河津
絳州
太平
榮河
韓城縣界
萬泉
臨晉
猗氏
蒲州
安邑
芮城
解州
運司
平陸
潼關界
河南閿鄉縣界
靈寶縣界
界

府城圖

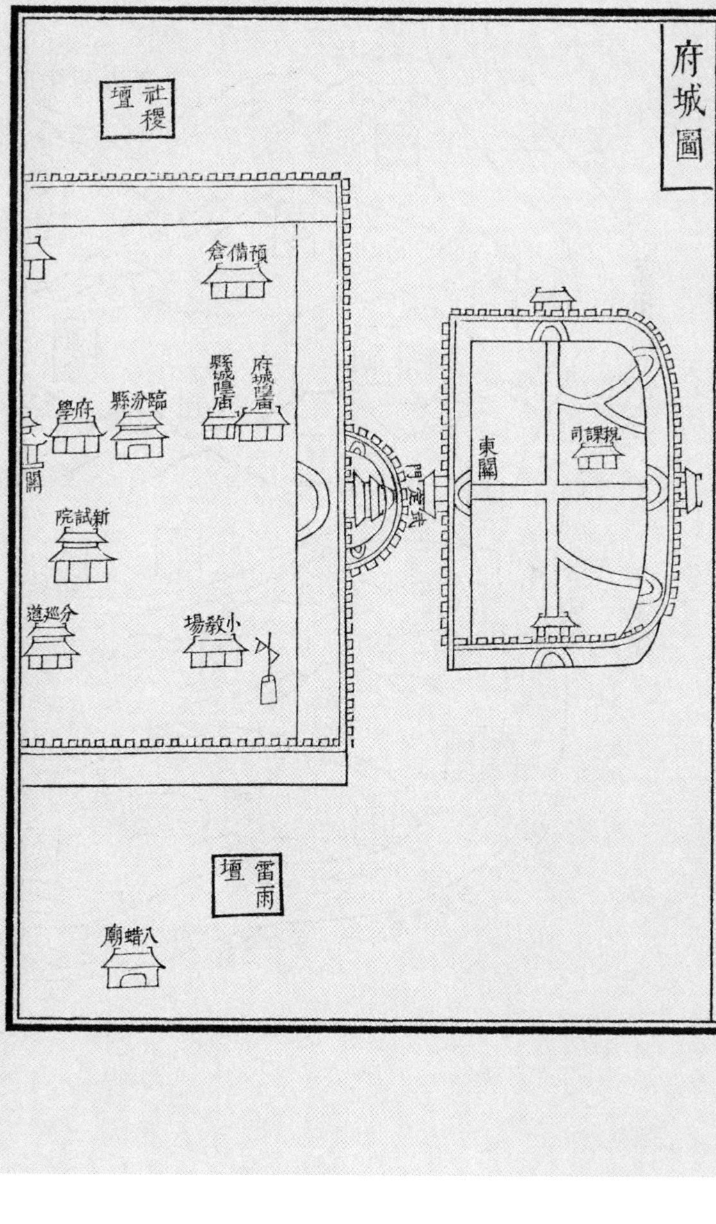

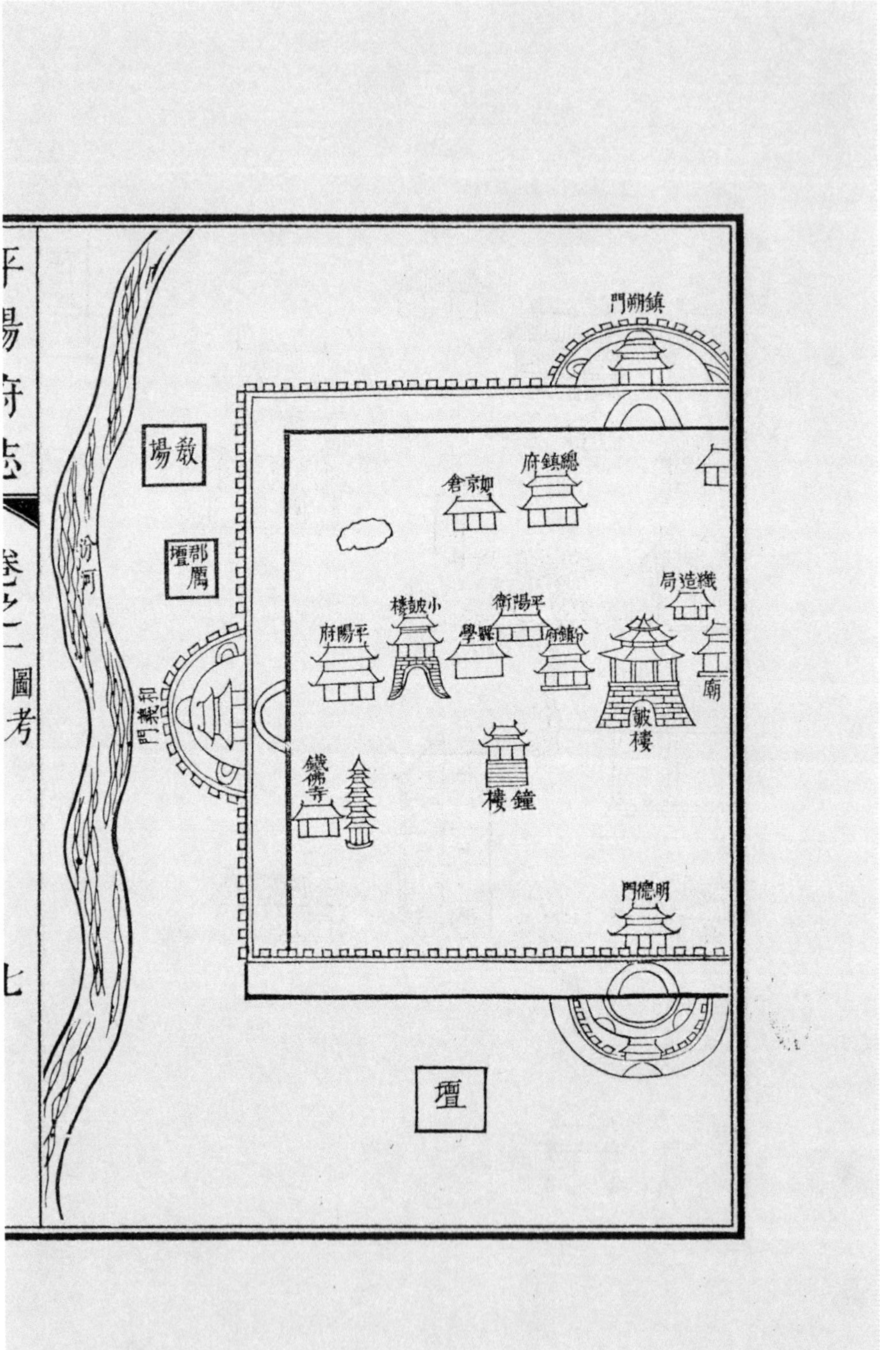
平陽府志
卷之二
圖考
七
汾河
教場
郡厲壇
和義門
鎮朔門
總鎮府
如京倉
織造局
平陽衙
小皷樓
平陽府
縣學
分鎮府
廟
皷樓
鐘樓
鐵佛寺
明德門
壇

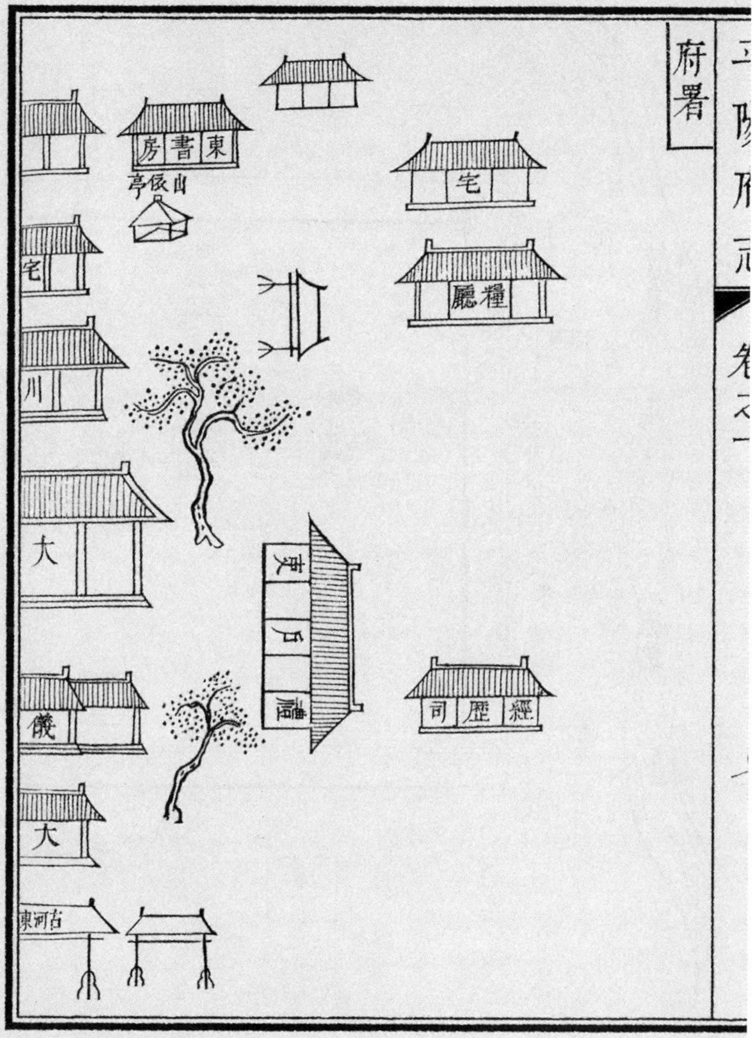
府署
東書房
山依亭
宅
糧廳
宅
川
大
吏
戶
禮
經歷司
儀
大
古河東

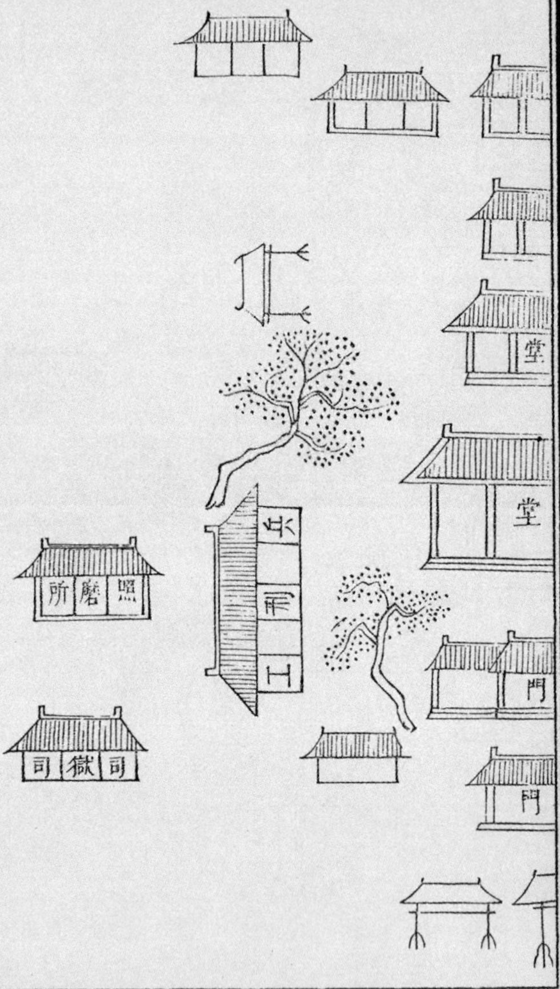
堂
堂
照磨所
刑
工
門
門
司獄司

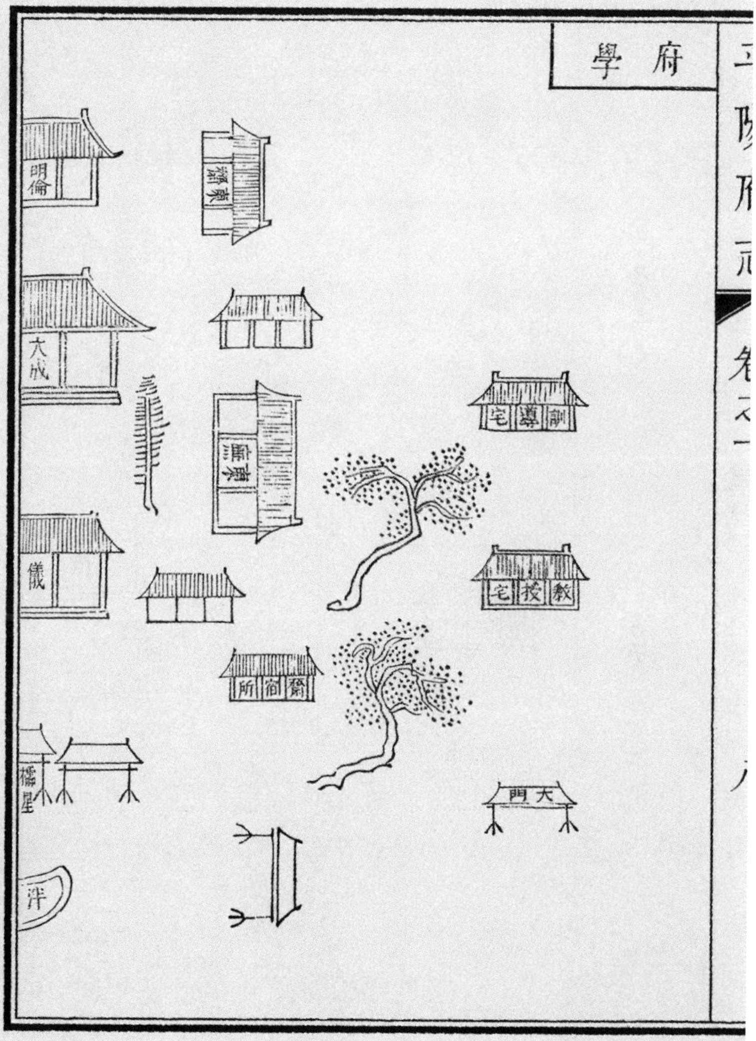
府學
明倫
東齋
大成
東廡
儀
齋宿所
訓導宅
教授宅
大門
櫺星
泮

平陽府志　卷之一　圖考　九

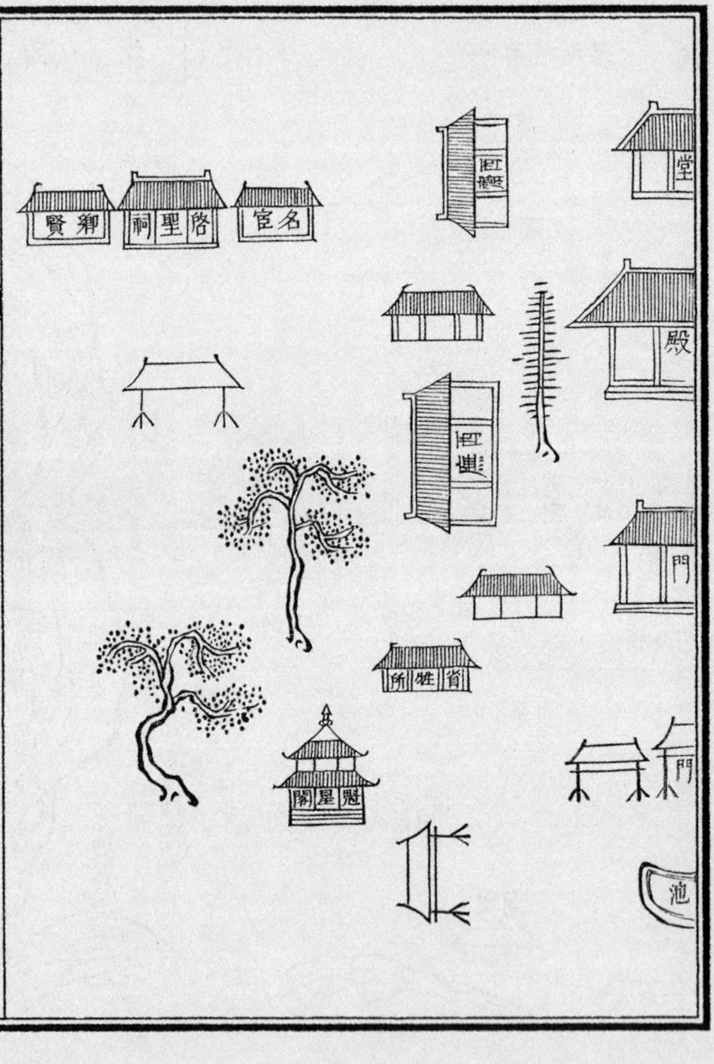

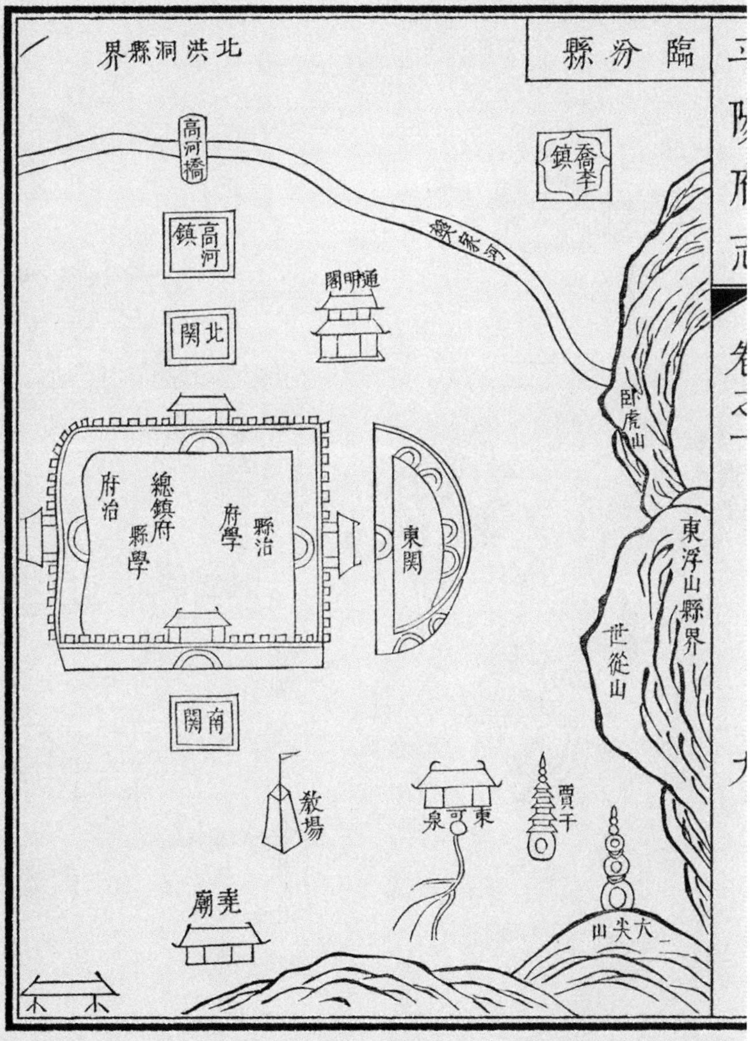
臨汾縣
北洪洞縣界
高河橋
喬李鎮
高河鎮
通明閣
北關
府治
總鎮府
縣學
府學
縣治
東關
臥虎山
東浮山縣界
世從山
南關
教場
東可泉
大尖山
堯廟

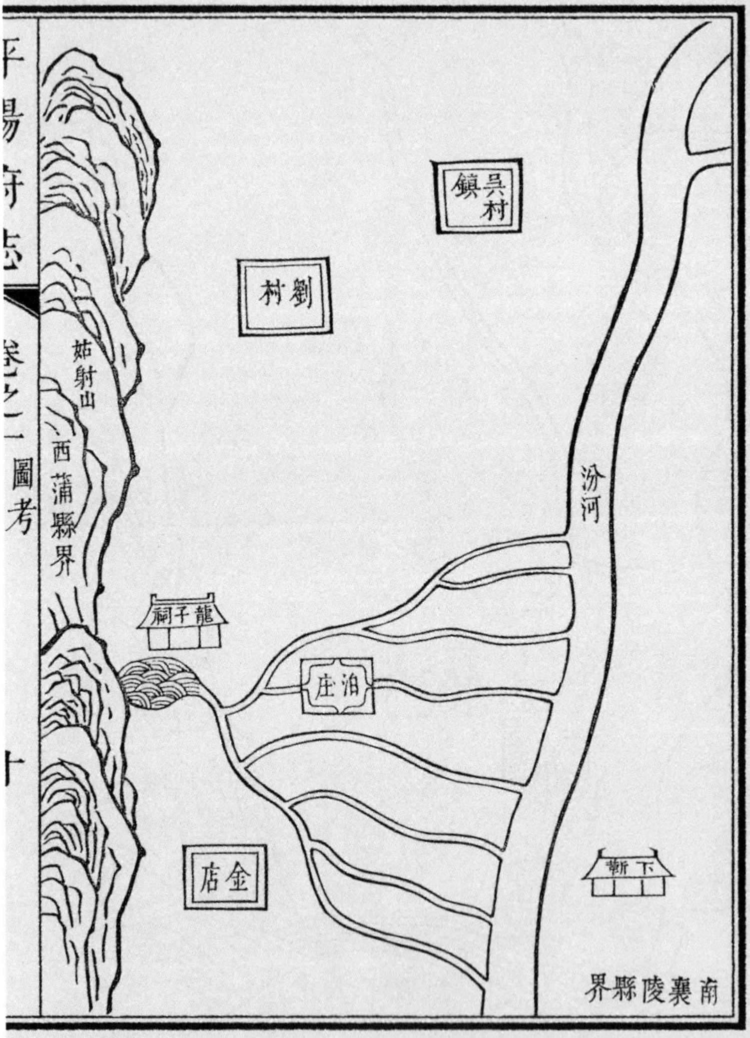
吳村鎮
劉村
姑射山
西蒲縣界
汾河
龍子祠
泊庄
金店
下靳
南襄陵縣界

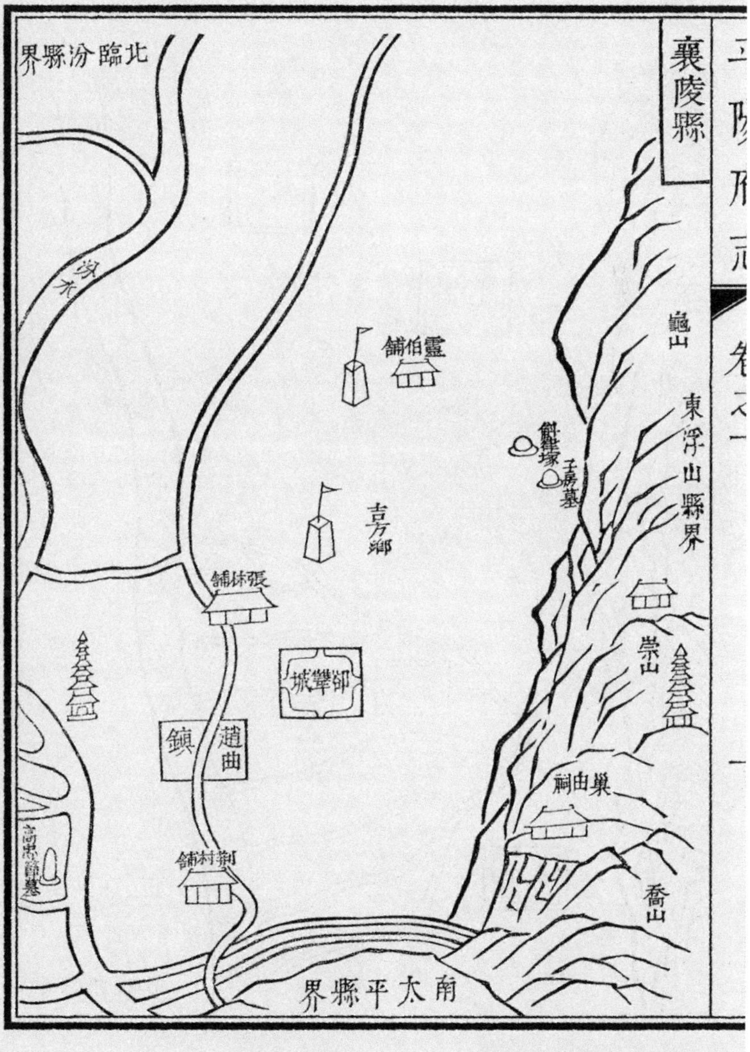

襄陵縣
北臨汾縣界
汾水
靈伯鋪
趙曲鎮
龜山
東浮山縣界
子房墓
崇山
巢由祠
喬山
南太平縣界

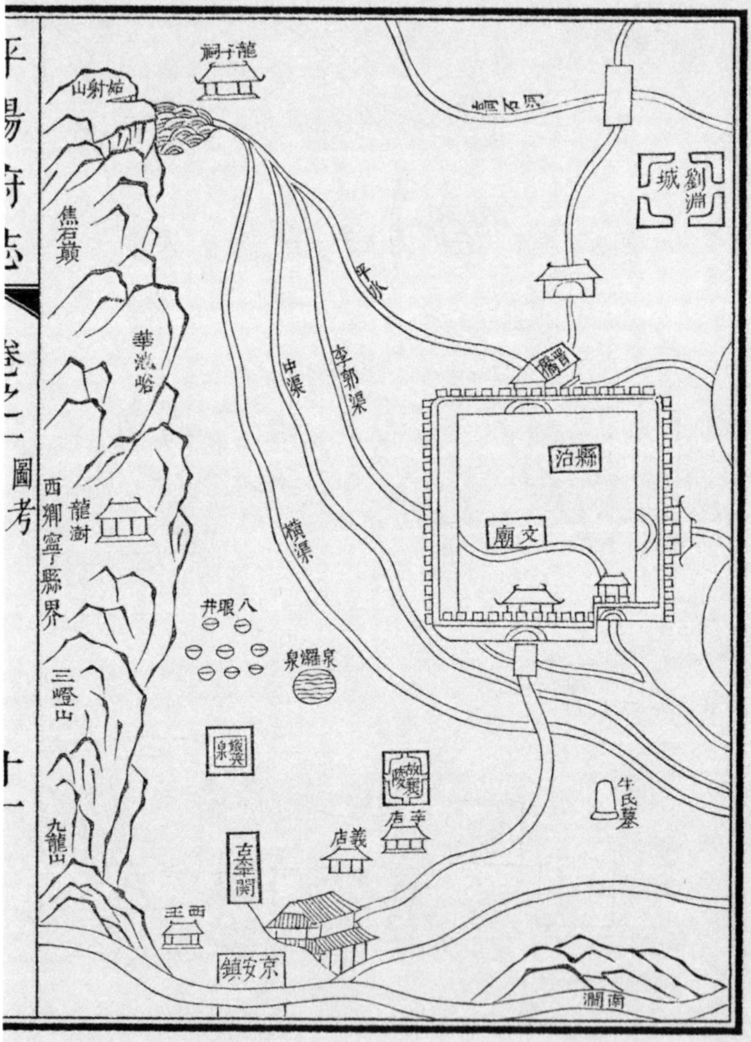
平陽府志
卷之一　圖考
廿一
龍子祠
姑射山
焦石嶺
華池峪
龍澍
西鄉寧縣界
三嶝山
九龍山
平水
中渠
李郭渠
橫渠
劉淵城
縣治
文廟
八眼井
牛氏墓
辛店
義店
西王
京安鎮
南澗

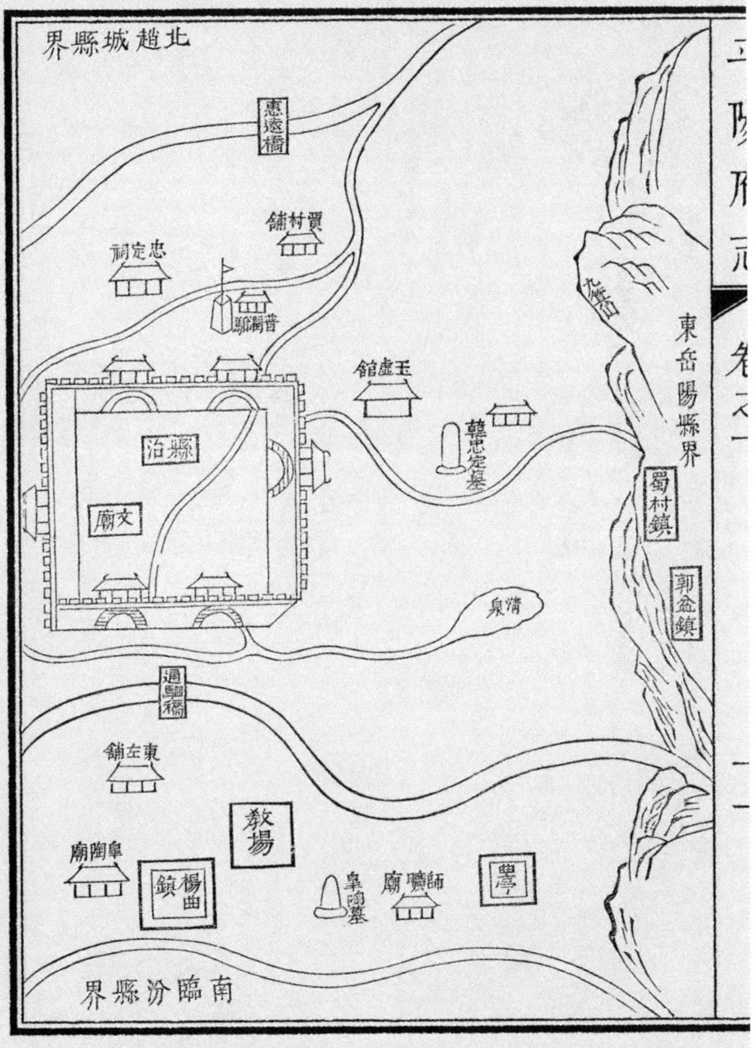
北趙城縣界
惠遠橋
賈村舖
忠定祠
普潤驛
玉虛館
縣治
文廟
韓忠定墓
九箕山
東岳陽縣界
蜀村鎮
郭盆鎮
靖泉
過驛橋
東左舖
教場
皋陶廟
楊曲鎮
皋陶墓
師曠廟
學
南臨汾縣界

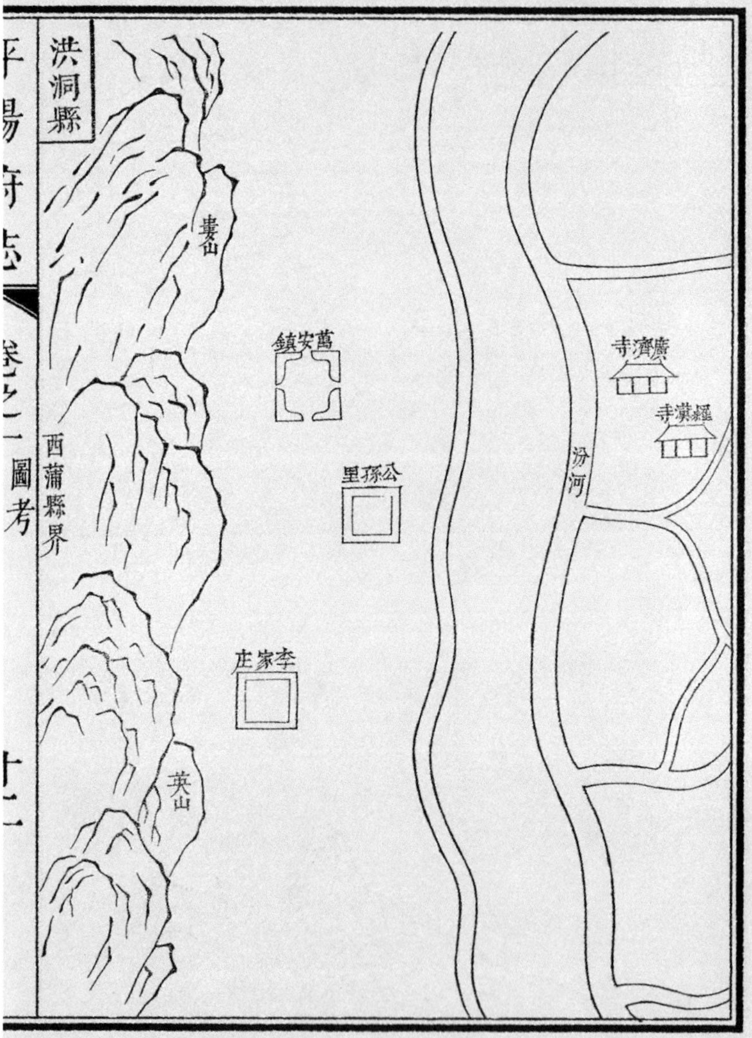
平陽府志
卷之一圖考
廿二
洪洞縣
婁山
西蒲縣界
英山
萬安鎮
公孫里
李家庄
汾河
廣濟寺
羅漢寺

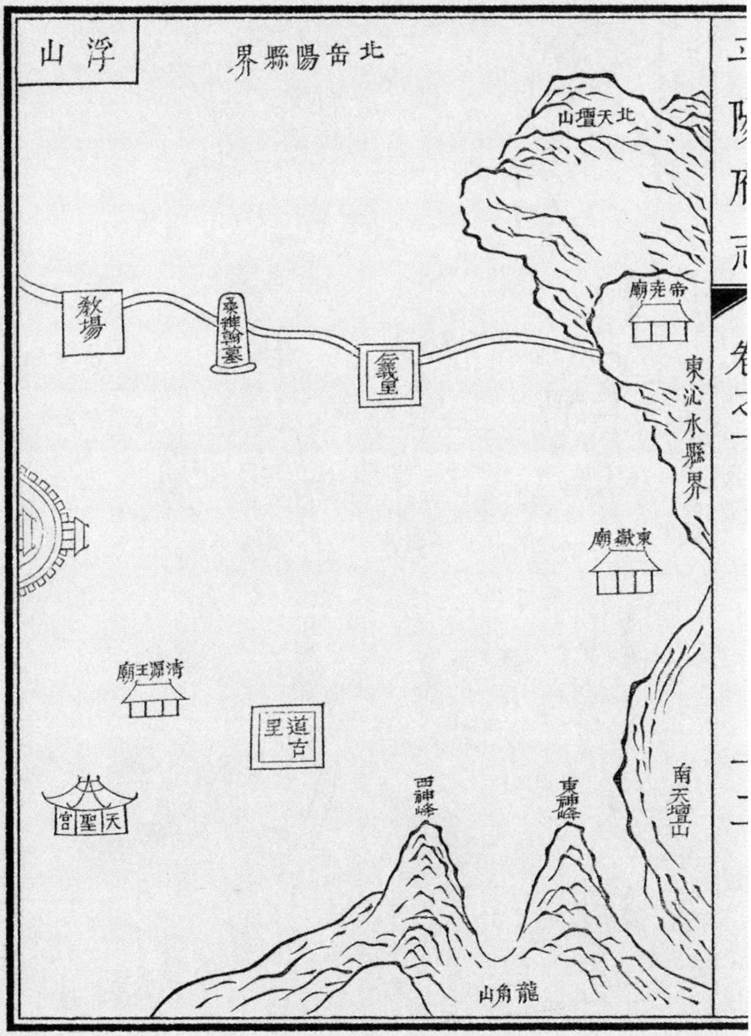
浮山
北岳陽縣界
北天壇山
帝堯廟
教場
桑維翰墓
羲皇
東沁水縣界
東嶽廟
清源王廟
道古里
天聖宮
西神峰
東神峰
南天壇山
龍角山

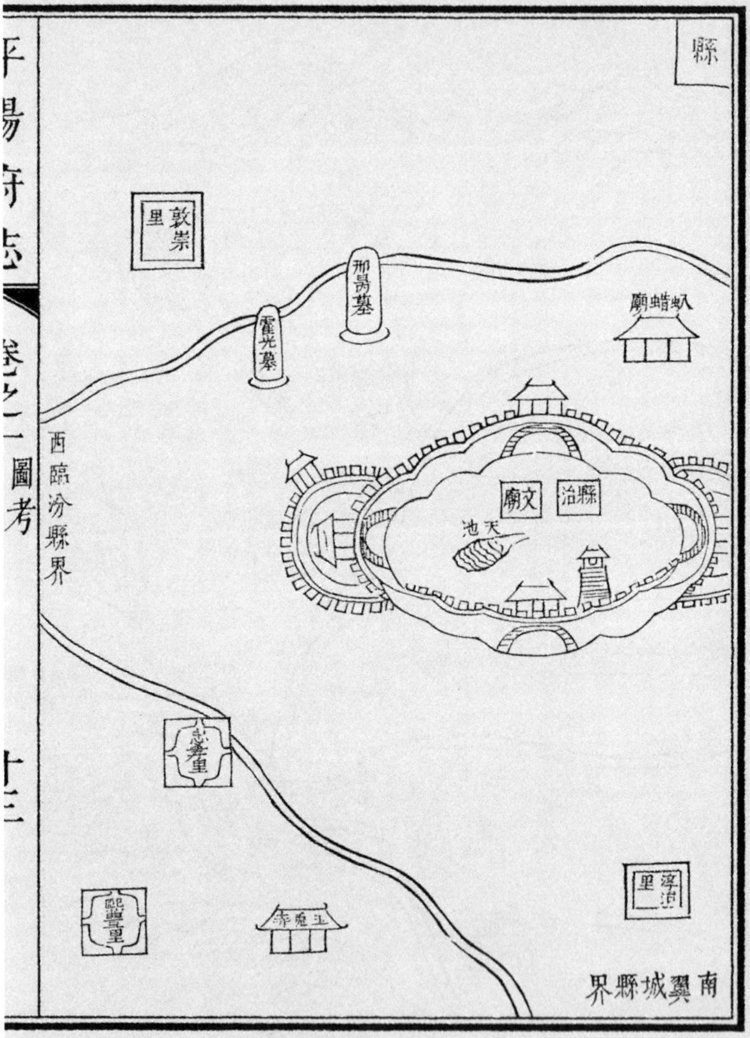
縣
卷之一　圖考
敦崇里
霍光墓
八蜡廟
縣治
文廟
天池
西臨汾縣界
南翼城縣界

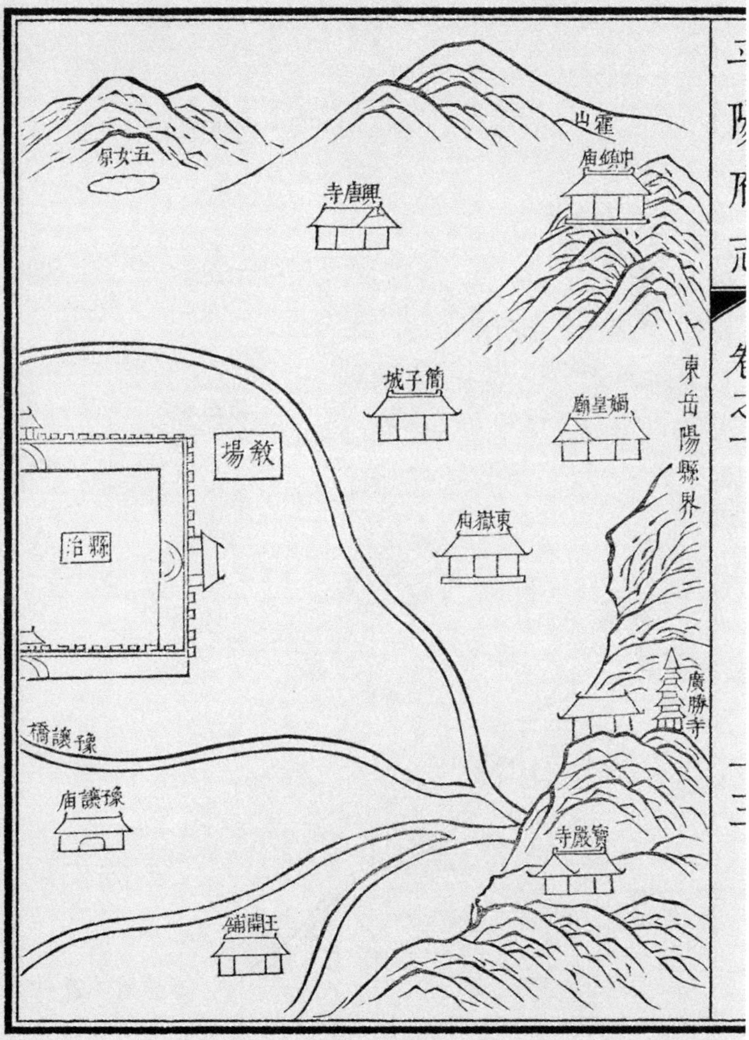

霍山
五女泉
中鎮廟
興唐寺
簡子城
媧皇廟
教場
縣治
東嶽廟
東岳陽縣界
廣勝寺
豫讓橋
豫讓廟
寶嚴寺
王開舖

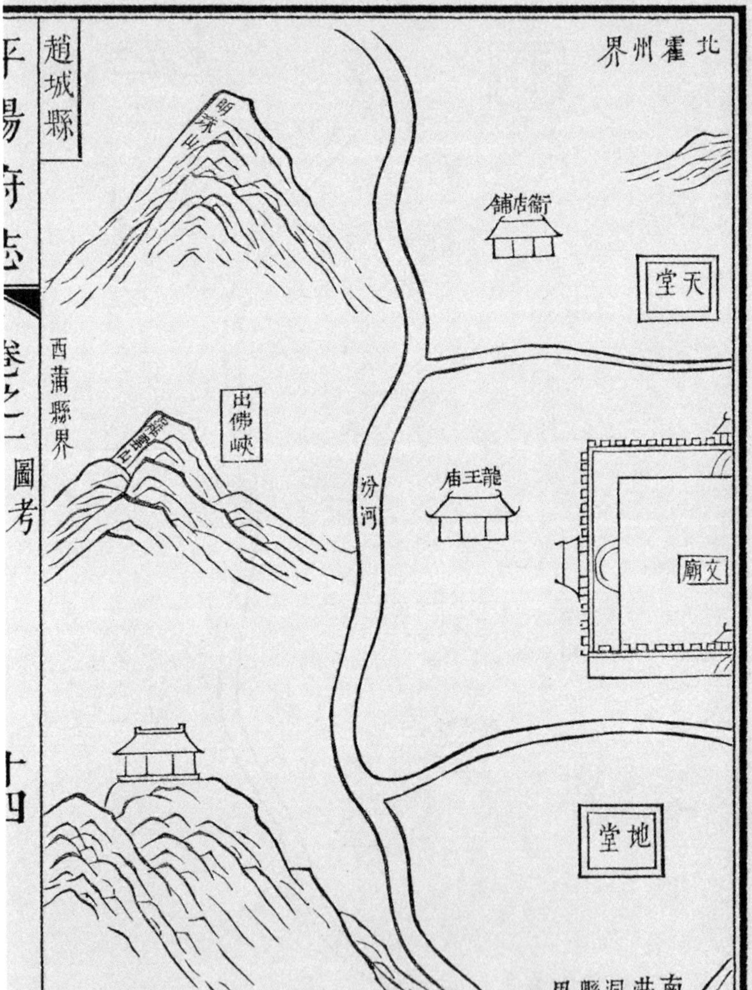
平陽府志
卷之一圖考
十四
趙城縣
北霍州界
衛店舖
天堂
西蒲縣界
出佛峽
龍王廟
汾河
文廟
地堂
南洪洞縣界

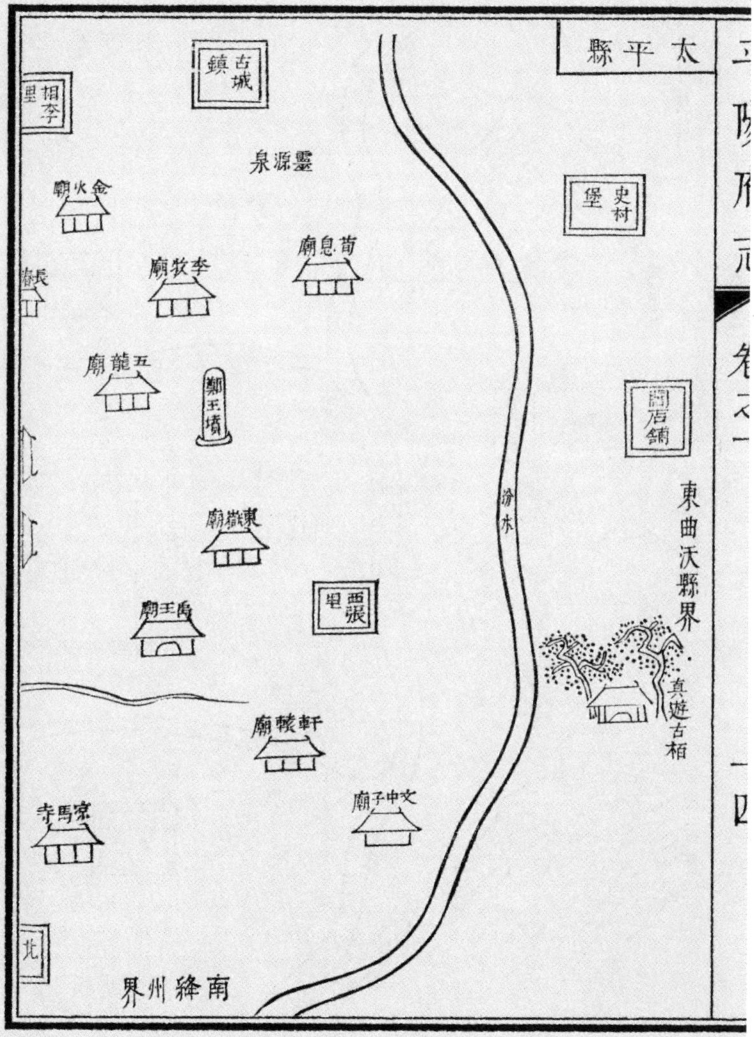

太平縣
古城鎮
李相里
靈源泉
史村堡
金火廟
荀息廟
李牧廟
五龍廟
鄭王墳
東嶽廟
汾水
西張里
禹王廟
東曲沃縣界
真遊古柏
軒轅廟
文中子廟
凉馬寺
南絳州界

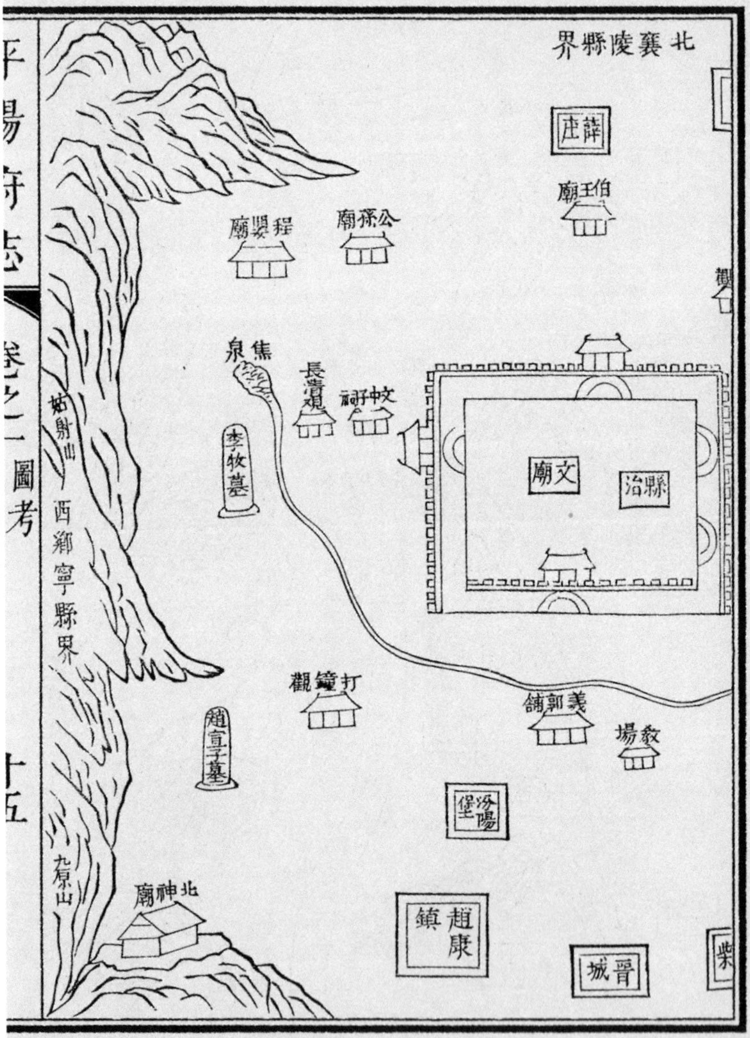
平陽府志
卷之二圖考
十五
北襄陵縣界
薛莊
伯王廟
程嬰廟
公孫廟
焦泉
長清觀
文中子祠
李牧墓
文廟
縣治
姑射山
西鄉寧縣界
打鐘觀
義郭舖
教場
趙宣子墓
汾陽堡
九原山
北神廟
趙康鎮
晉城

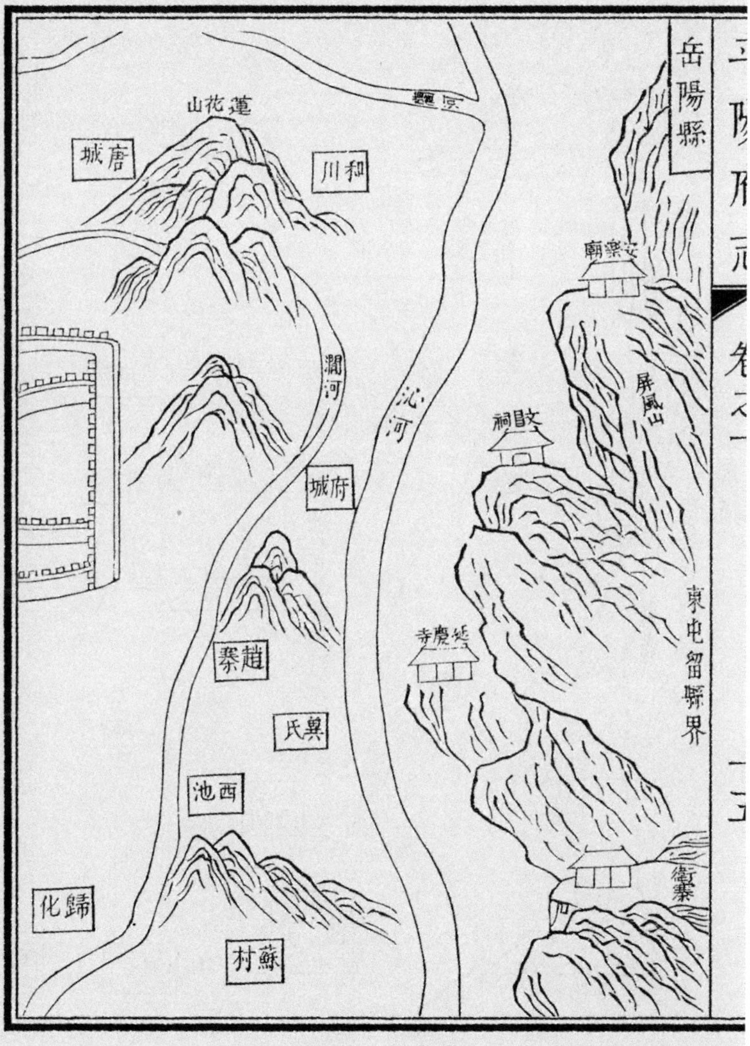
岳陽縣
蓮花山
唐城
和川
澗河
沁河
府城
趙寨
冀氏
西池
歸化
蘇村
安樂廟
屏風山
延慶寺
東屯留縣界

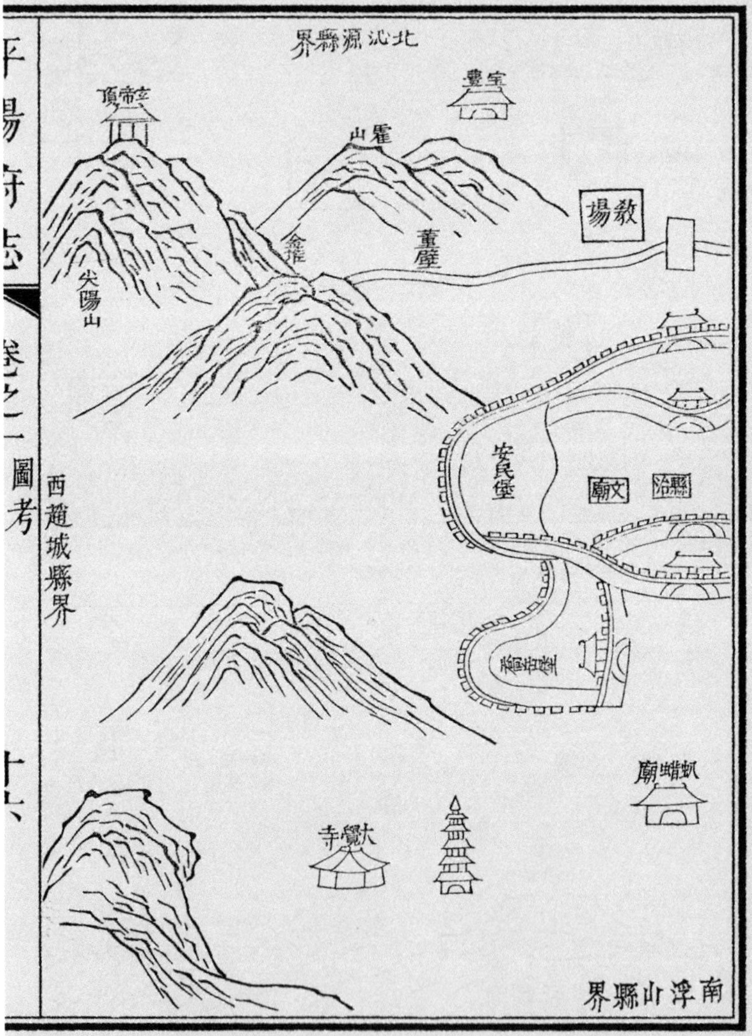
平陽府志
卷之一　圖考
十六
北沁源縣界
霍山
教場
尖陽山
安民堡
文廟
縣治
西趙城縣界
大覺寺
南浮山縣界

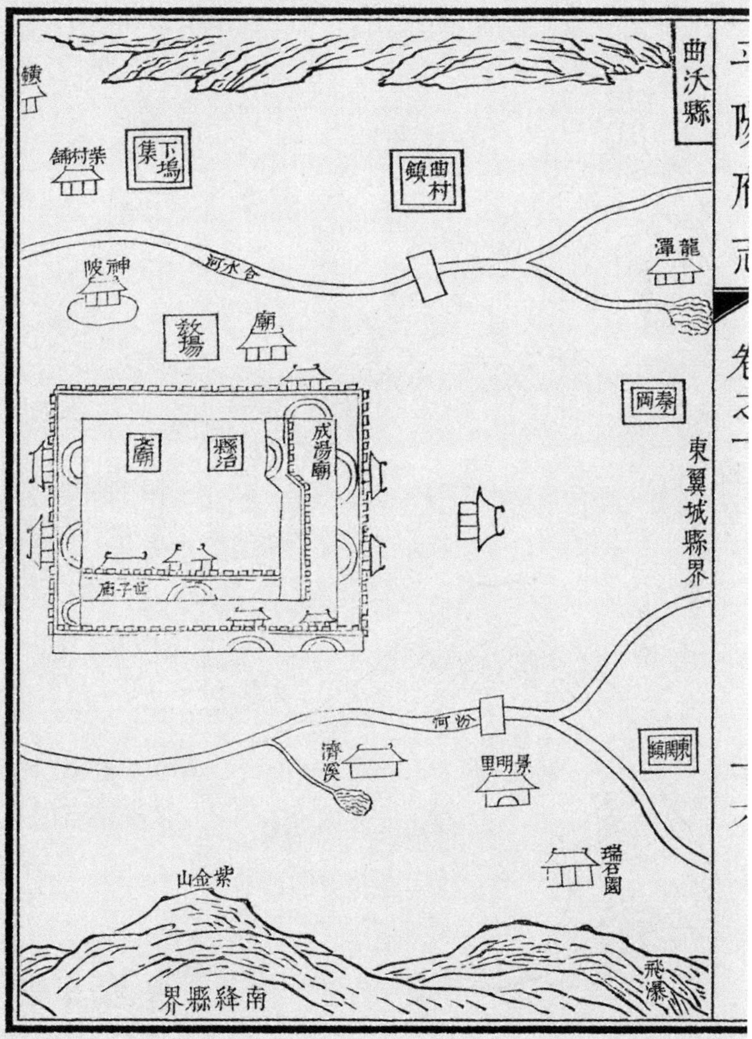

曲沃縣
下塲集
曲村鎮
柴村舖
合水河
神陵
龍潭
教塲
廟
成湯廟
縣治
文廟
世子廟
東翼城縣界
汾河
濟溪
景明里
東關鎮
瑞石園
紫金山
南絳縣界
飛瀑

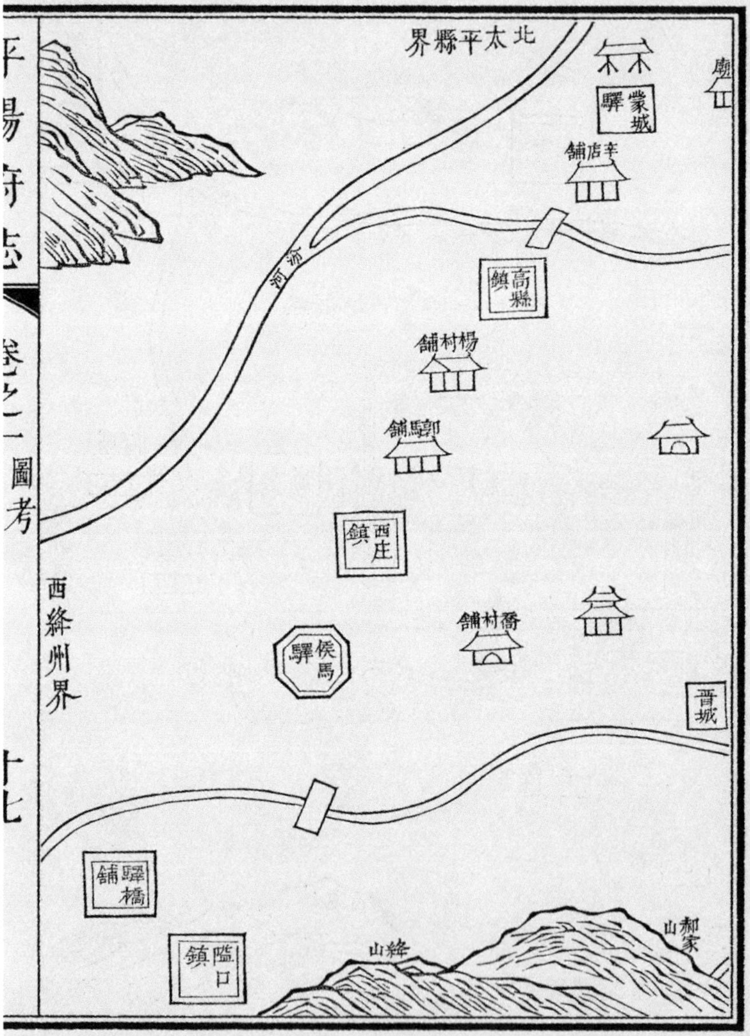
平陽府志
卷之一　圖考
十七
北太平縣界
蒙城驛
辛店舖
汾河
高顯鎮
楊村舖
郭馬舖
西庄鎮
喬村舖
侯馬驛
晉城
西絳州界
驛橋舖
隘口鎮
絳山
郝家山

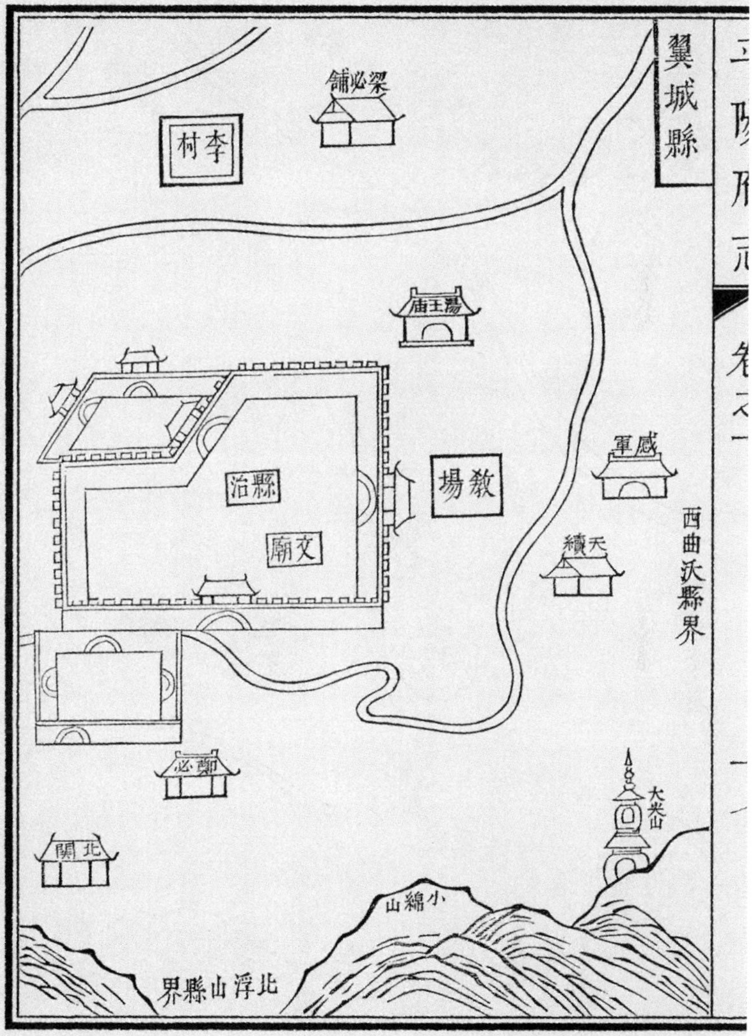
翼城縣
梁必鋪
李村
陽王庙
縣治
文廟
教場
感軍
天續
西曲沃縣界
鄭必
北關
大光山
小綿山
北浮山縣界

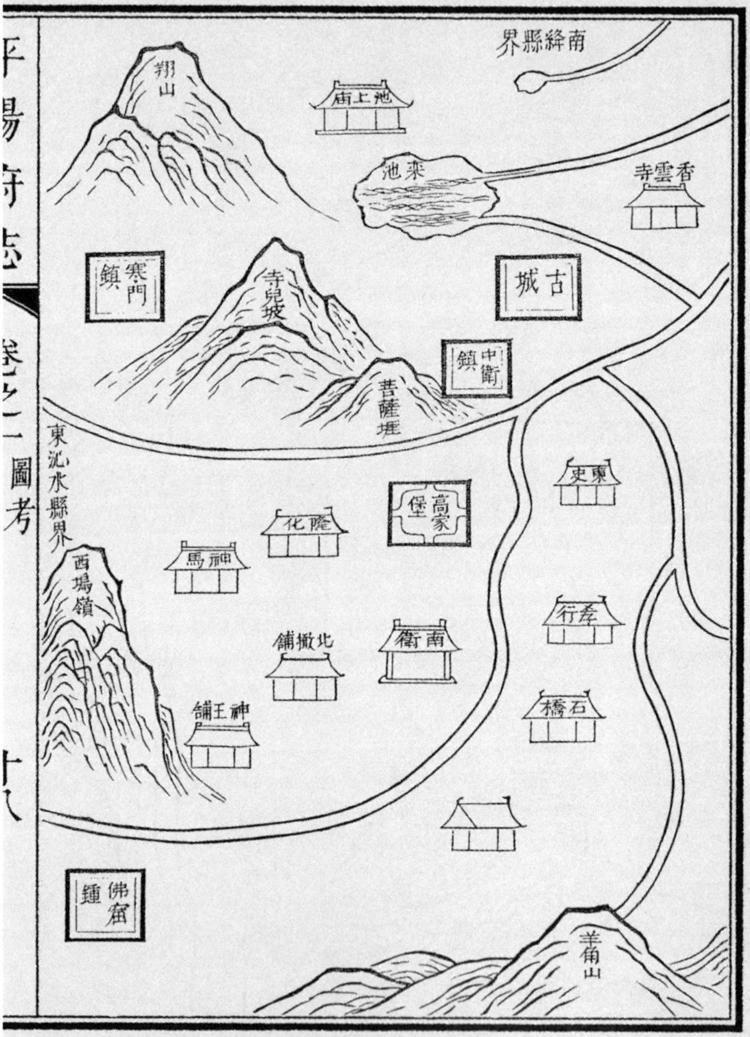
平陽府志
卷之一
圖考
十八
南絳縣界
池上廟
翔山
來池
香雲寺
寒門鎮
寺皂坡
古城
中衛鎮
菩薩堐
東沁水縣界
東吏
高家堡
隆化
神馬
西塢嶺
北撤鋪
南衛
石橋
神王鋪
佛窟鍾
羊角山

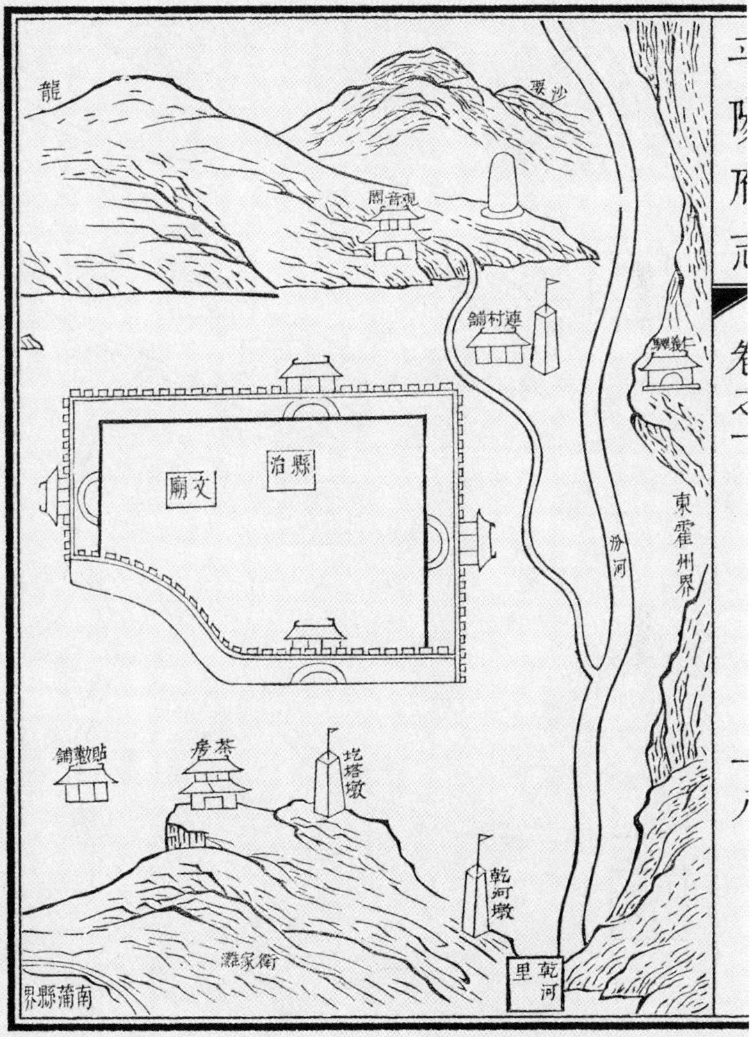
龍
觀音閣
連村鋪
縣治
文廟
汾河
東霍州界
貼墩鋪
茶房
圪塔墩
乾河墩
衛家灘
南蒲縣界
乾河里

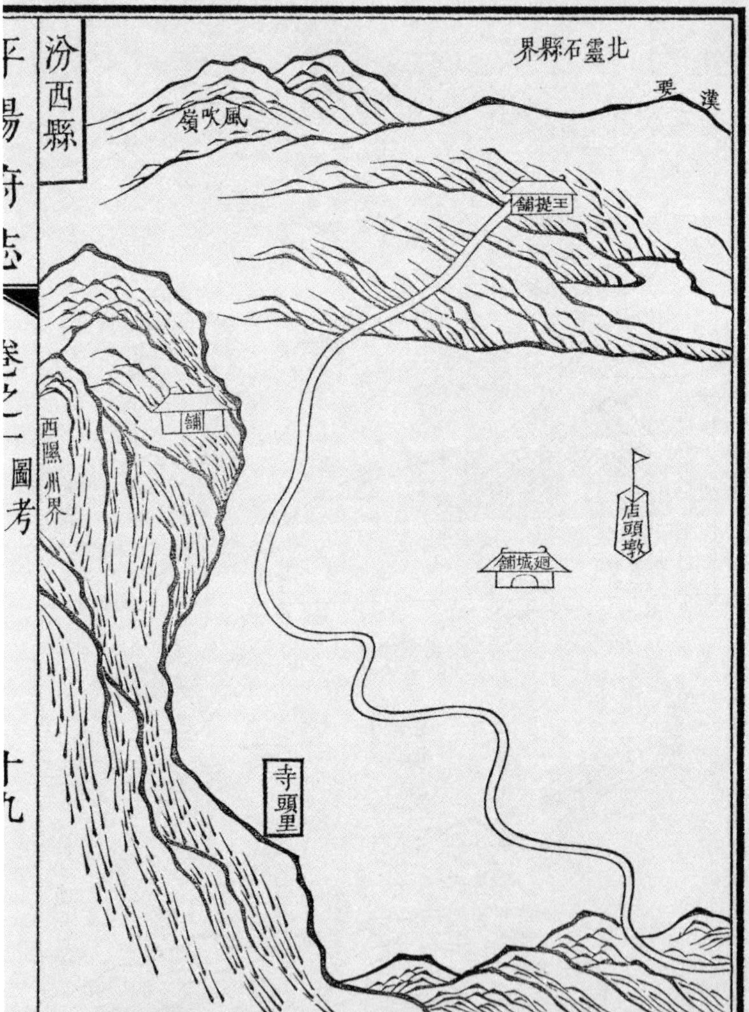

汾西縣
平陽府志
卷之一 圖考
十九
北靈石縣界
漢要
風吹嶺
王提鋪
鋪
西隰州界
店頭墩
廻城鋪
寺頭里

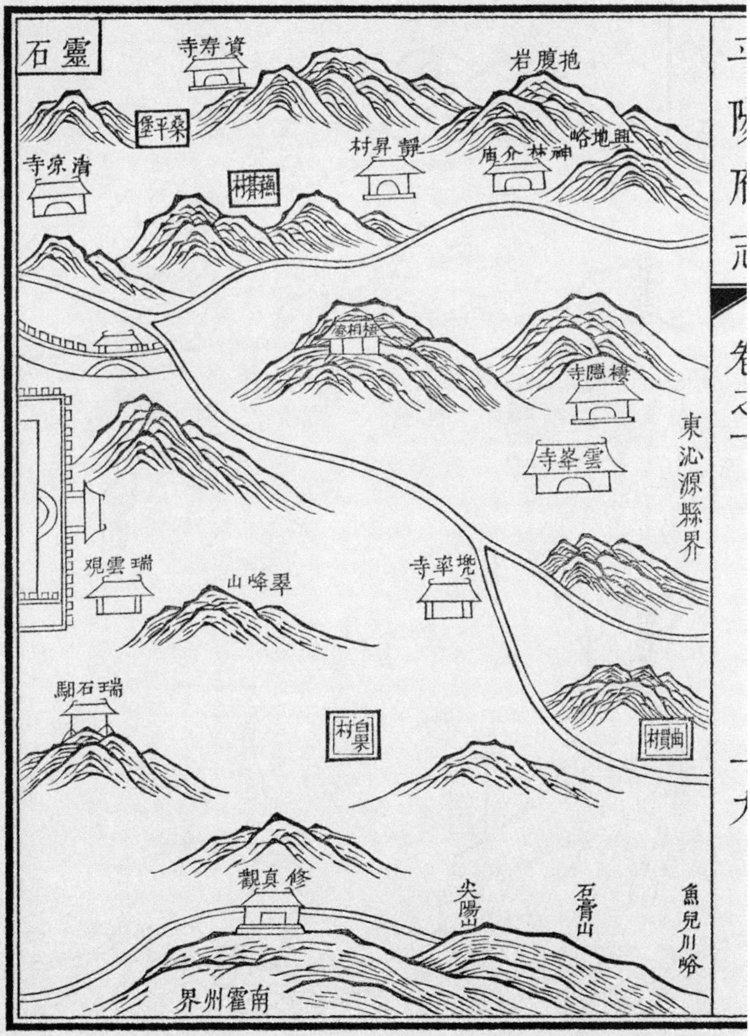
靈石
資寿寺
抱腹岩
桑平堡
清凉寺
靜昇村
神林介廟
興地峪
棲隱寺
雲峯寺
東沁源縣界
瑞雲觀
翠峰山
兜率寺
瑞石馹
南關村
修真觀
尖陽山
石膏山
魚兒川峪
南霍州界

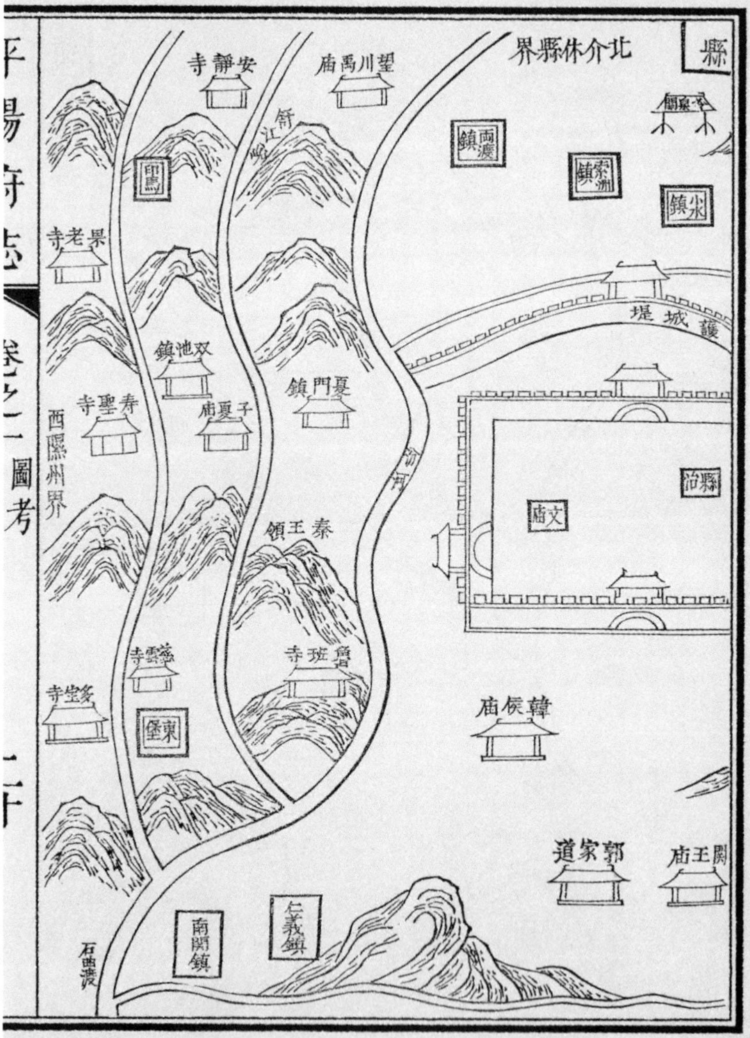
平陽府志
卷之一　圖考
北介休縣界
縣
安靜寺
望川禹廟
兩渡鎮
索洲鎮
景老寺
護城堤
双池鎮
夏門鎮
寿聖寺
子夏廟
西隰州界
汾河
縣治
文廟
秦王領
多宝寺
東堡
韓侯廟
郭家道
關王廟
南關鎮
仁義鎮
石曲渡

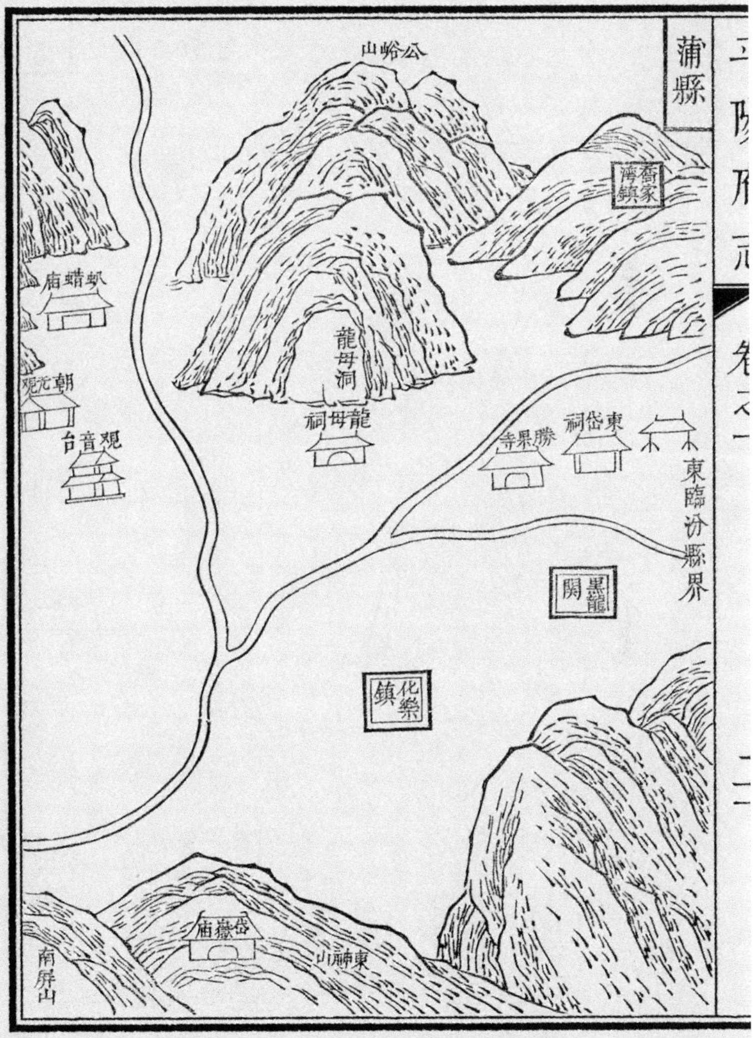

蒲縣
公峪山
喬家湾镇
龍母洞
龍母祠
蚆蜡廟
朝元观
观音台
勝果寺
東岱祠
東臨汾縣界
黑龍関
化樂镇
岱嶽廟
東神山
南屏山

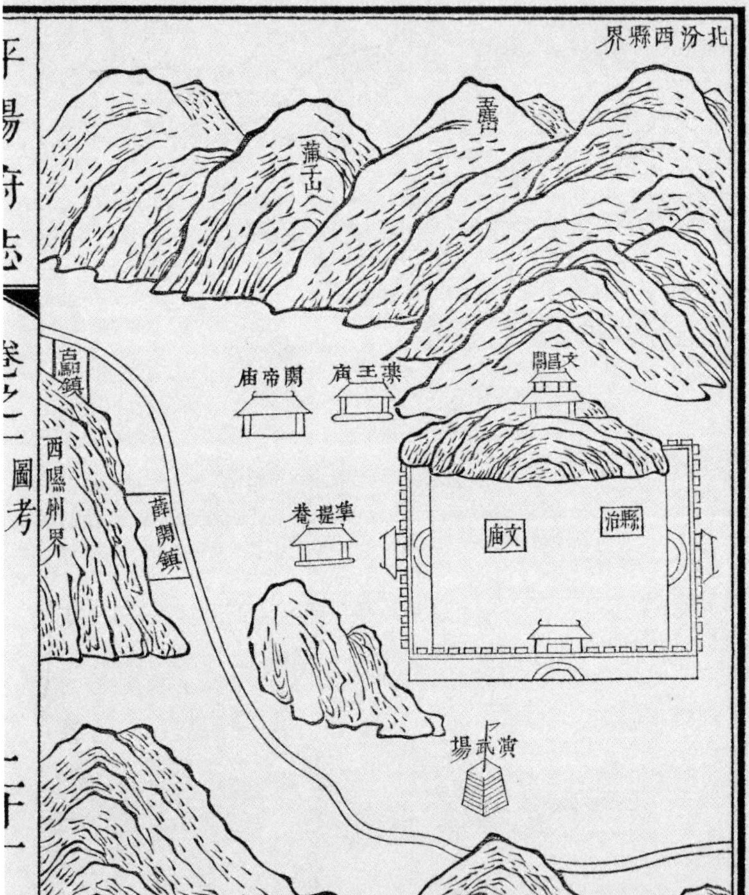
平陽府志
卷之一　圖考
二十一
北汾西縣界
五鹿山
蒲子山
關帝廟
欒王廟
文昌閣
古驛鎮
西隰州界
薛關鎮
菩提菴
文廟
縣治
演武場
翠屏山
文公廟
南吉州界

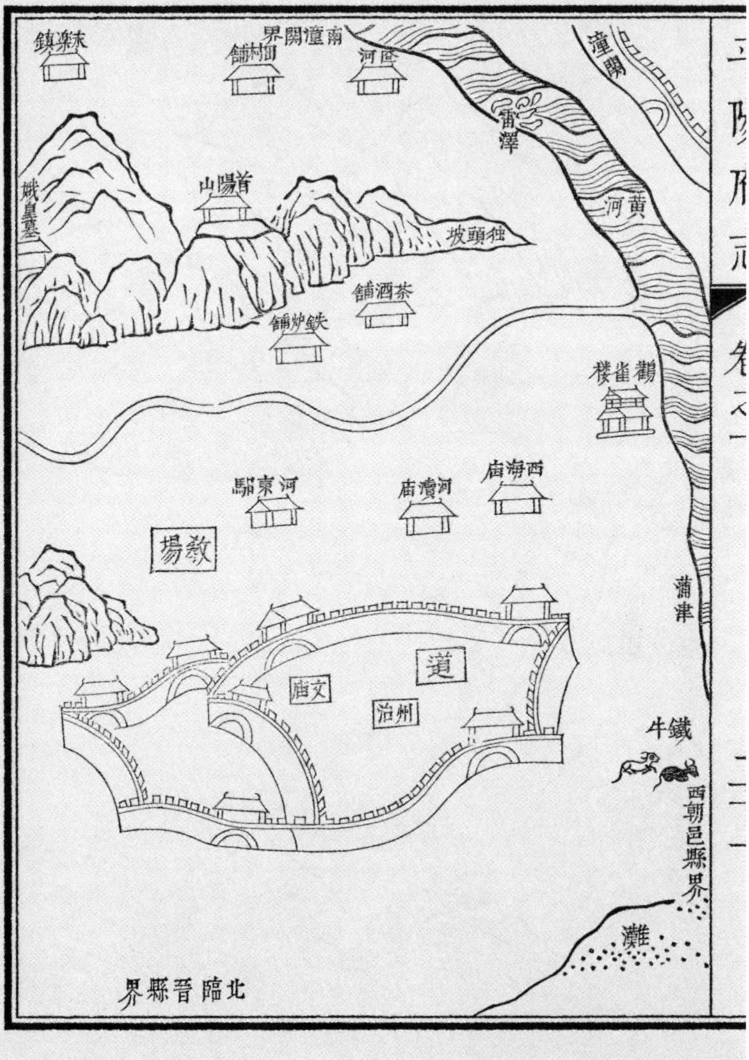
南潼關界
匼河
雷澤
潼關
黃河
首陽山
娥皇墓
獨頭坡
茶酒鋪
鉄炉鋪
鸛雀樓
西海廟
河瀆廟
河東驛
教場
蒲津
道
文廟
州治
鐵牛
西朝邑縣界
灘
北臨晉縣界

平陽府志
卷之一　圖考
蒲州
姚嶺
九峯山
宝柱峯
貓耳山
巢雲阿
萬固寺
王官谷
姚暹渠
河中書院
文昌閣
申家鋪
普救寺
五姓河
蒲坂
呂芝鋪
高公鋪
東臨晋縣界
信昌鋪
陶邑鄉

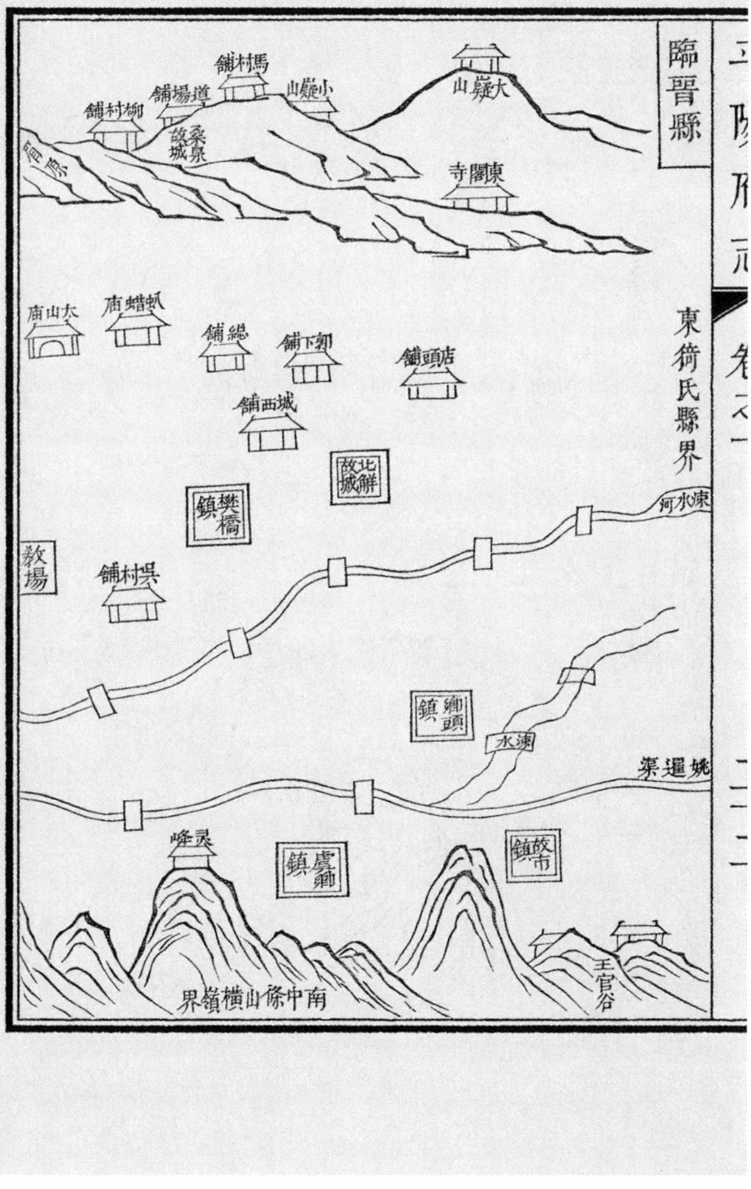
臨晉縣
馬村鋪
道場鋪
柳村鋪
小嶷山
大嶷山
桑泉故城
東閣寺
太山廟
蚍蜡廟
總鋪
郭下鋪
店頭鋪
城西鋪
北解故城
樊橋鎮
東猗氏縣界
涑水河
教場
吳村鋪
卿頭鎮
涑水
姚暹渠
靈峰
虞鄉鎮
故市鎮
王官谷
南中條山橫嶺界

平陽府志　卷之一圖考　二十三

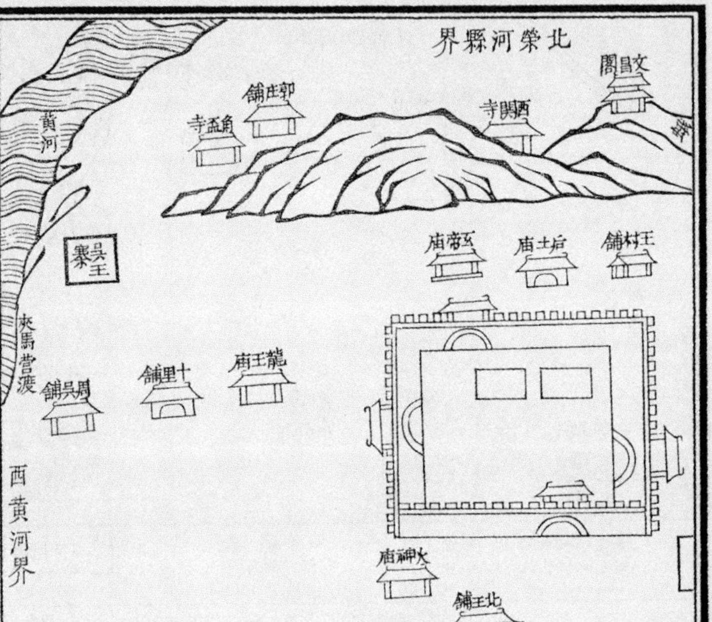

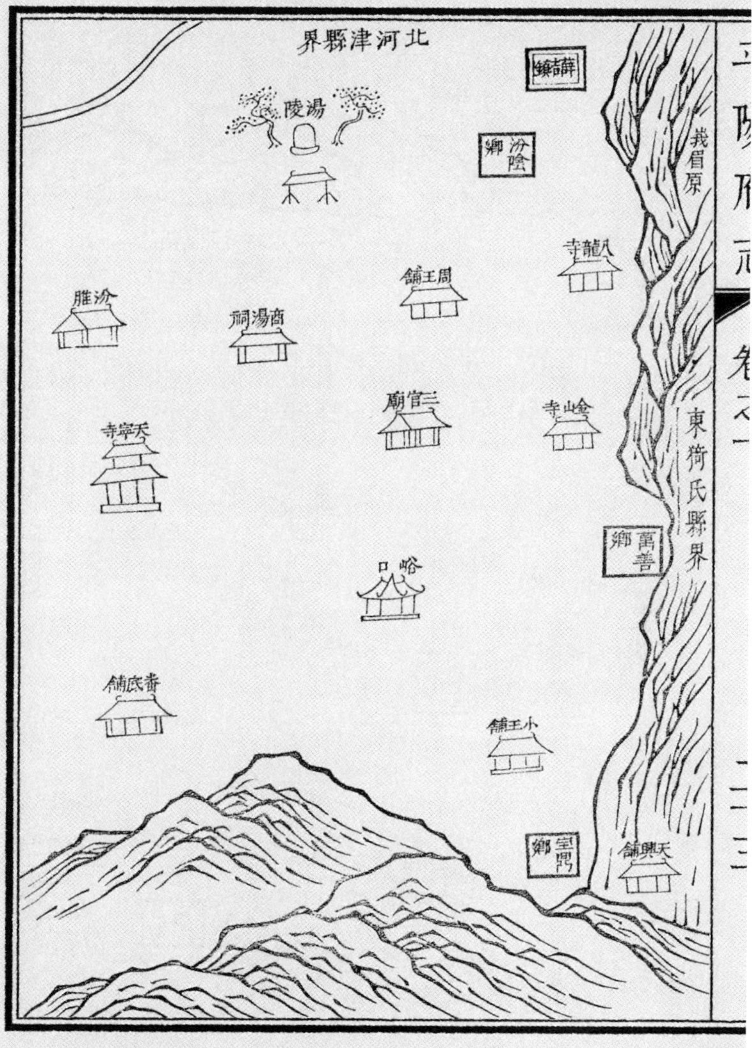
北河津縣界
辥鎮
湯陵
汾陰鄉
峩眉原
八龍寺
周王鋪
汾脽
商湯祠
三官廟
金山寺
天寧寺
東猗氏縣界
萬善鄉
峪口
畨底鋪
小王鋪
天興鋪

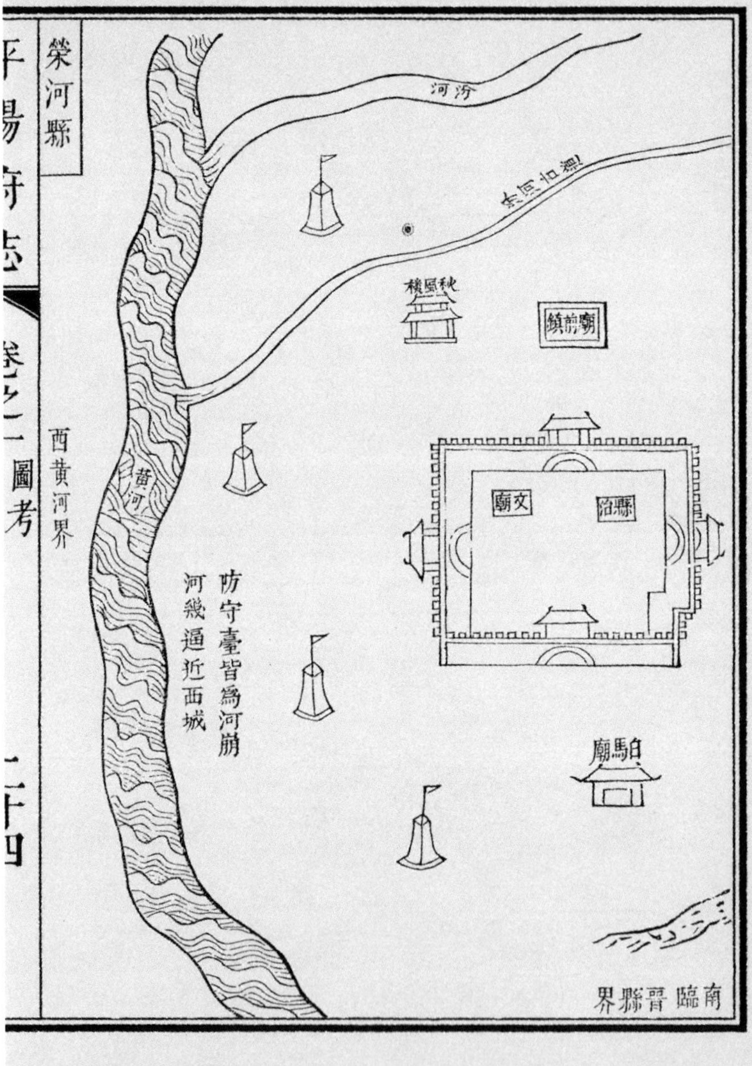
平陽府志
卷之一　圖考
二十四
榮河縣
汾河
秋風樓
廟前鎮
西黃河界
黃河
文廟
縣治
防守臺皆為河崩
河幾逼近西城
白馬廟
南臨晉縣界

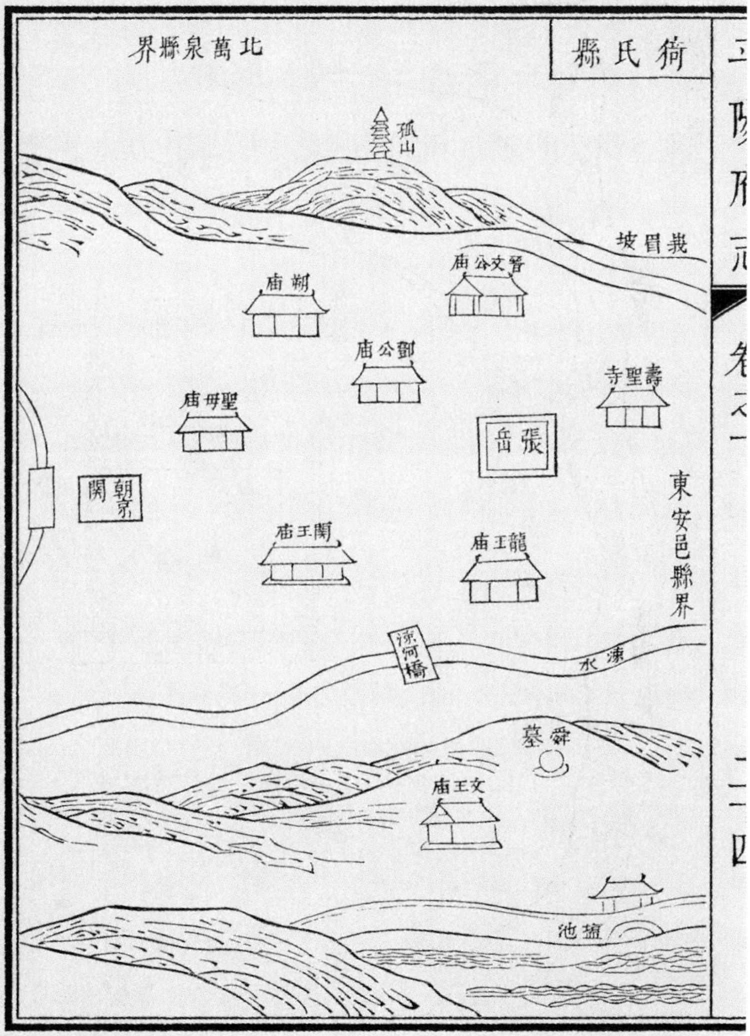
猗氏縣
北萬泉縣界
孤山
裁冒坡
晉文公廟
朝廟
鄧公廟
壽聖寺
聖母廟
張岳
朝京關
關王廟
龍王廟
東安邑縣界
涑河橋
涑水
舜墓
文王廟
鹽池

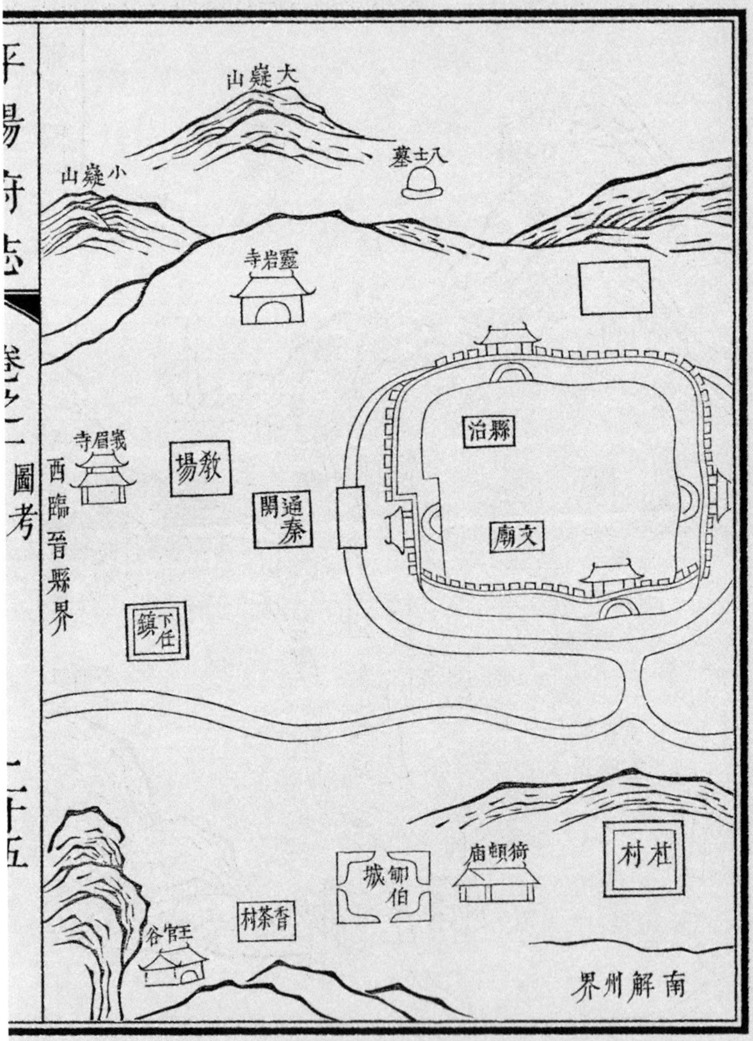
平陽府志
卷之二圖考
二十五
大嶷山
小嶷山
八士墓
靈岩寺
縣治
文廟
義眉寺
教場
通秦關
西臨晉縣界
下任鎮
杜村
猗頓廟
郇伯城
香茶村
王官谷
南解州界

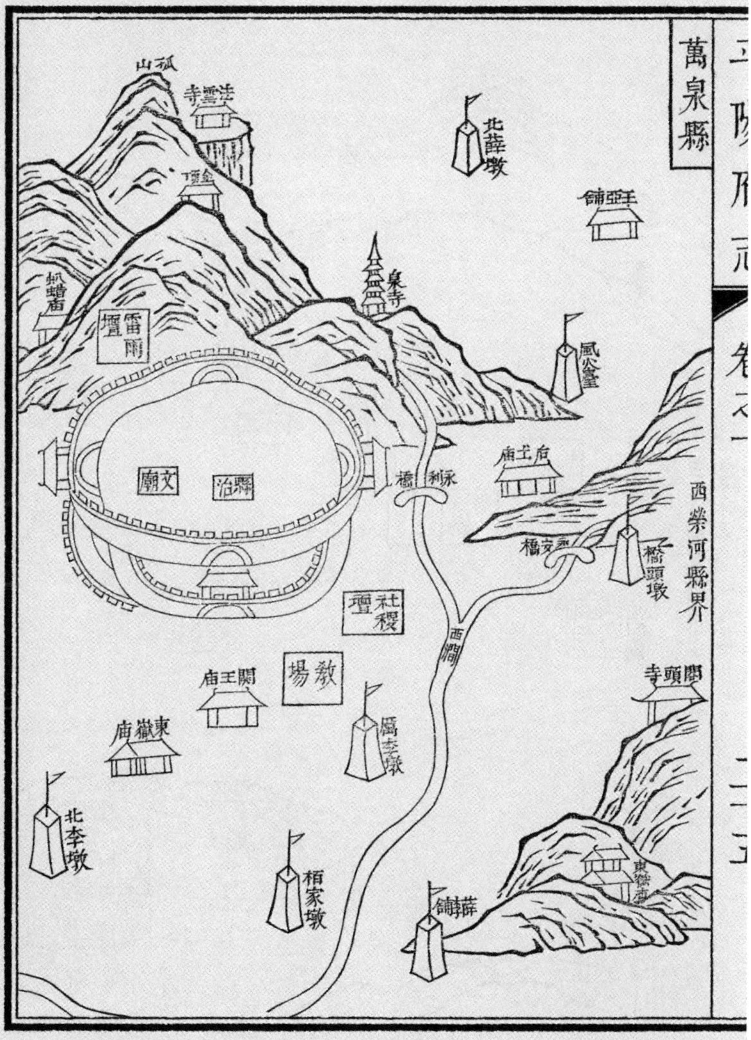
萬泉縣
孤山
法雲寺
北薛墩
雷雨壇
文廟
縣治
永利橋
后土廟
西滎河縣界
社稷壇
教場
關王廟
東嶽廟
北李墩
栢家墩
關頭寺

平陽府志　卷之二　圖考　二十六

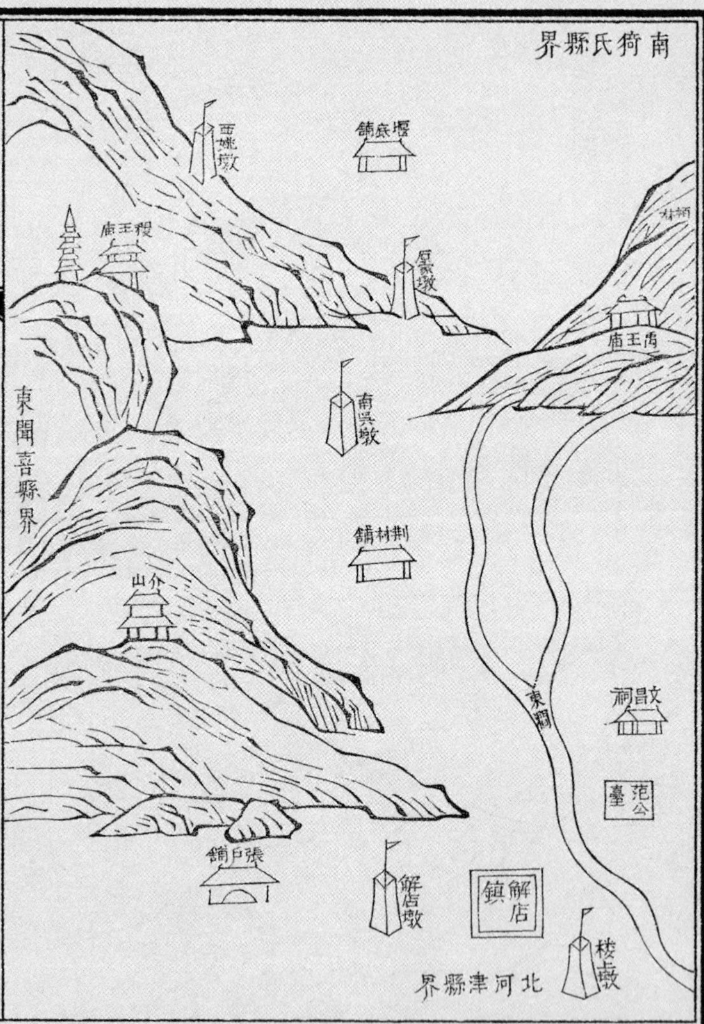

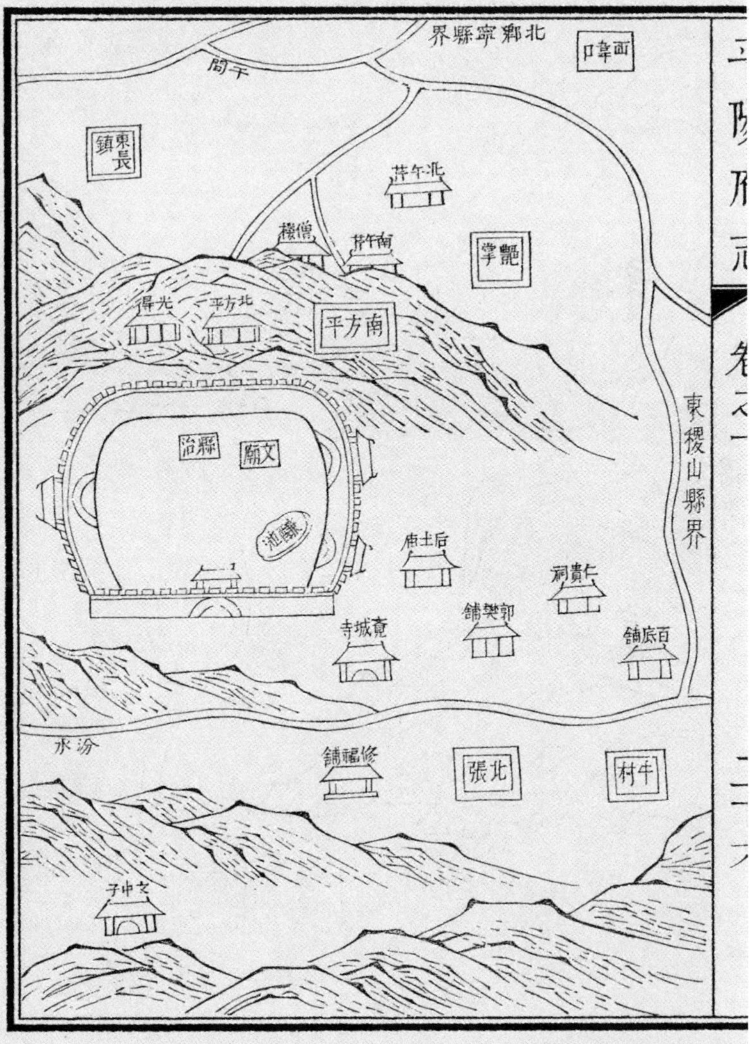
北鄉寧縣界
北午芹
僧樓
南午芹
艷掌
南方平
北方平
光得
縣治
文廟
后土廟
仁貴祠
郭欒鋪
竟城寺
百底鋪
東稷山縣界
汾水
修福鋪
北張
牛村
文中子

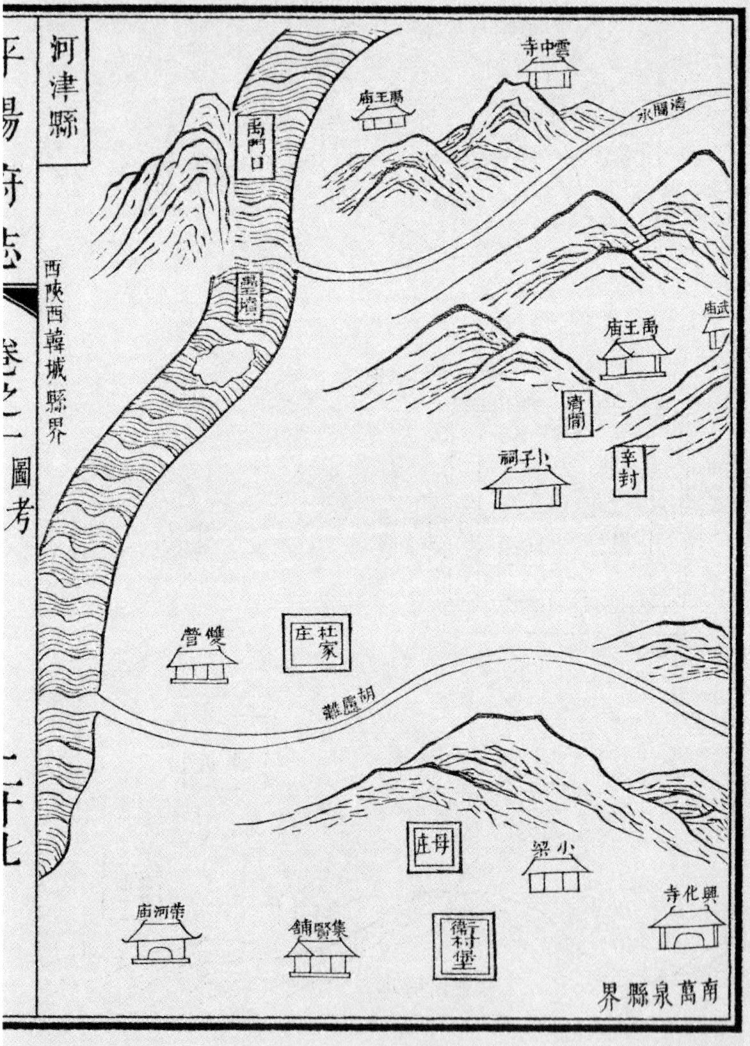
平陽府志
卷之一　圖考
二十七
河津縣
禹門口
雲中寺
禹王廟
西陝西韓城縣界
禹王廟
清澗
小子祠
辛封
雙營
杜家庄
胡盧灘
毋庄
小梁
興化寺
集賢舖
衛村堡
南萬泉縣界

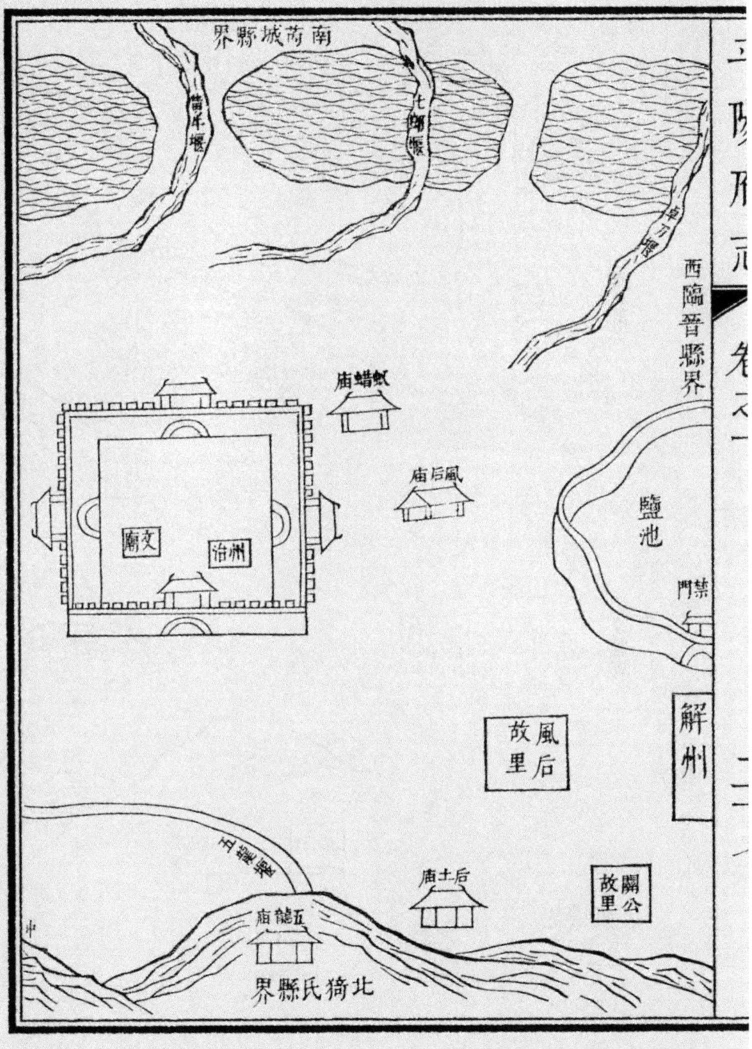
南芮城縣界
七郎堰
西臨晉縣界
風后廟
文廟
州治
鹽池
禁門
解州
風后故里
后土廟
關公故里
五龍廟
北猗氏縣界

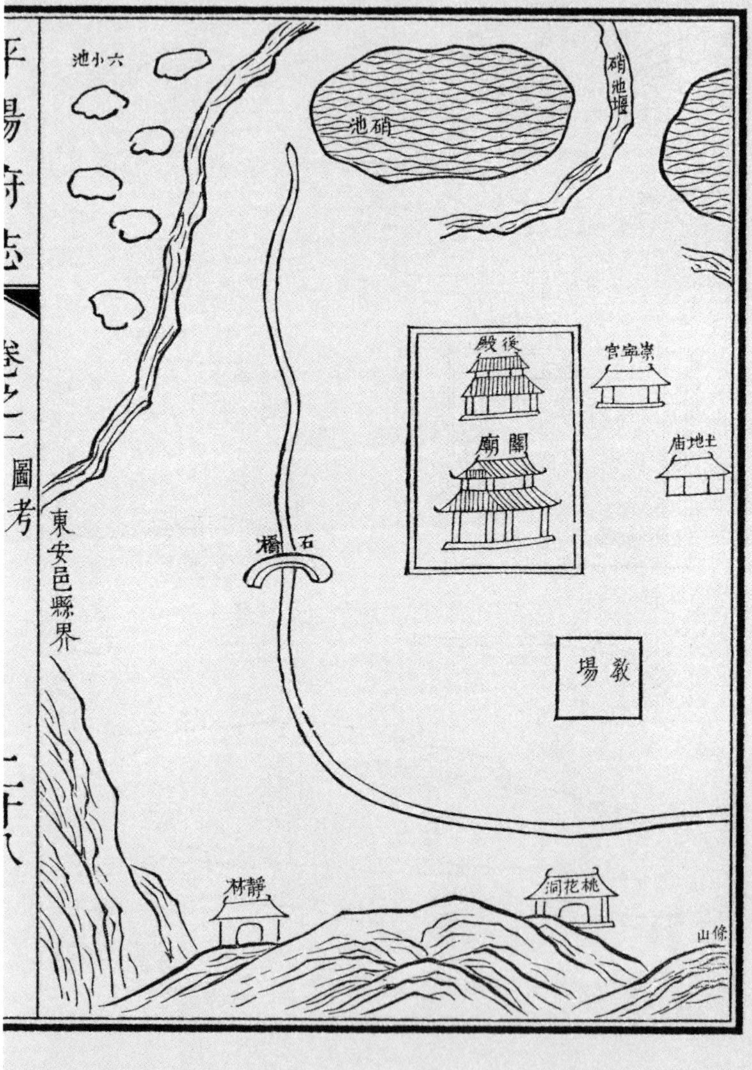
平陽府志
卷之一圖考
六小池
硝池
硝池堰
後殿
崇寧宮
關廟
土地廟
石橋
東安邑縣界
教場
靜林
桃花洞
條山

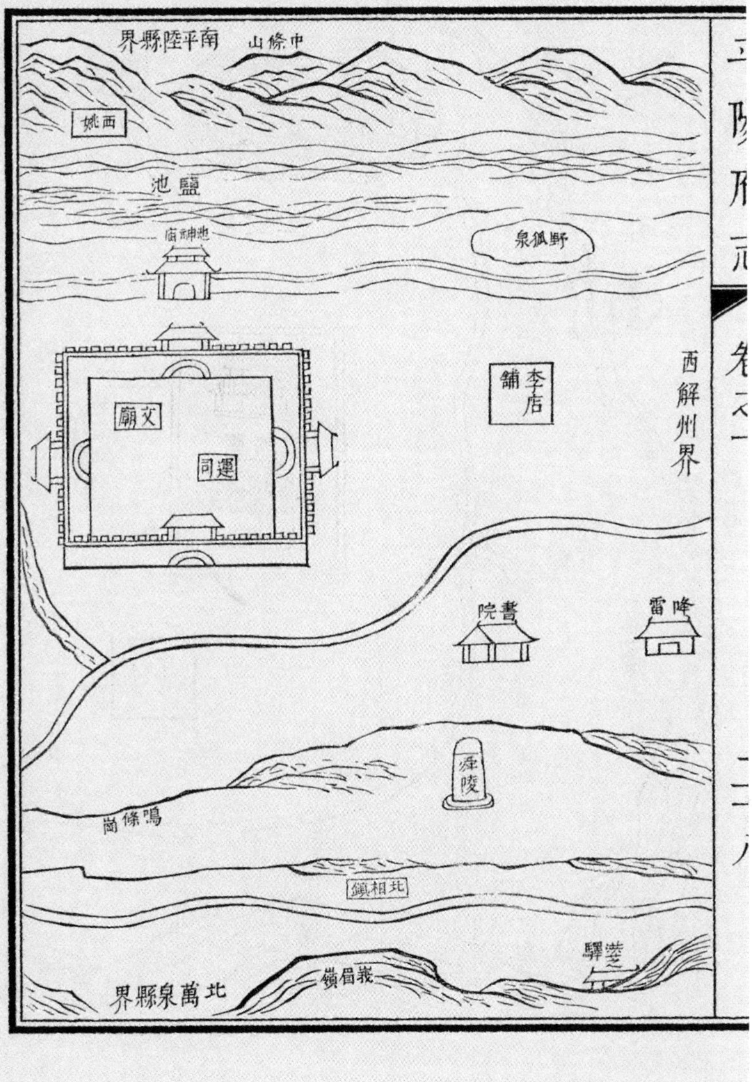
南平陸縣界
中條山
西姚
鹽池
池神廟
野狐泉
李店鋪
文廟
運司
西解州界
書院
降雷
舜陵
鳴條岡
北相鎮
峩眉嶺
驛
北萬泉縣界

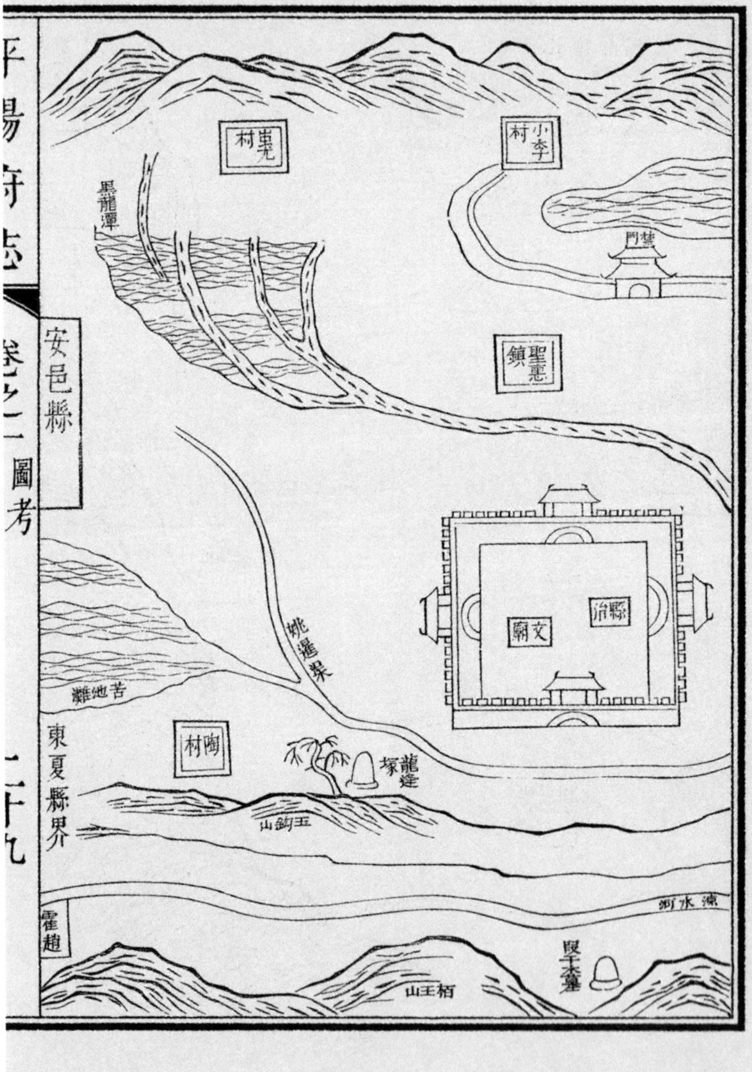
平陽府志
卷之二　圖考
二十九
安邑縣
小李村
黑龍潭
禁門
聖惠鎮
縣治
文廟
姚暹渠
苦池灘
陶村
龍逢塚
東夏縣界
涑水河
柏王山

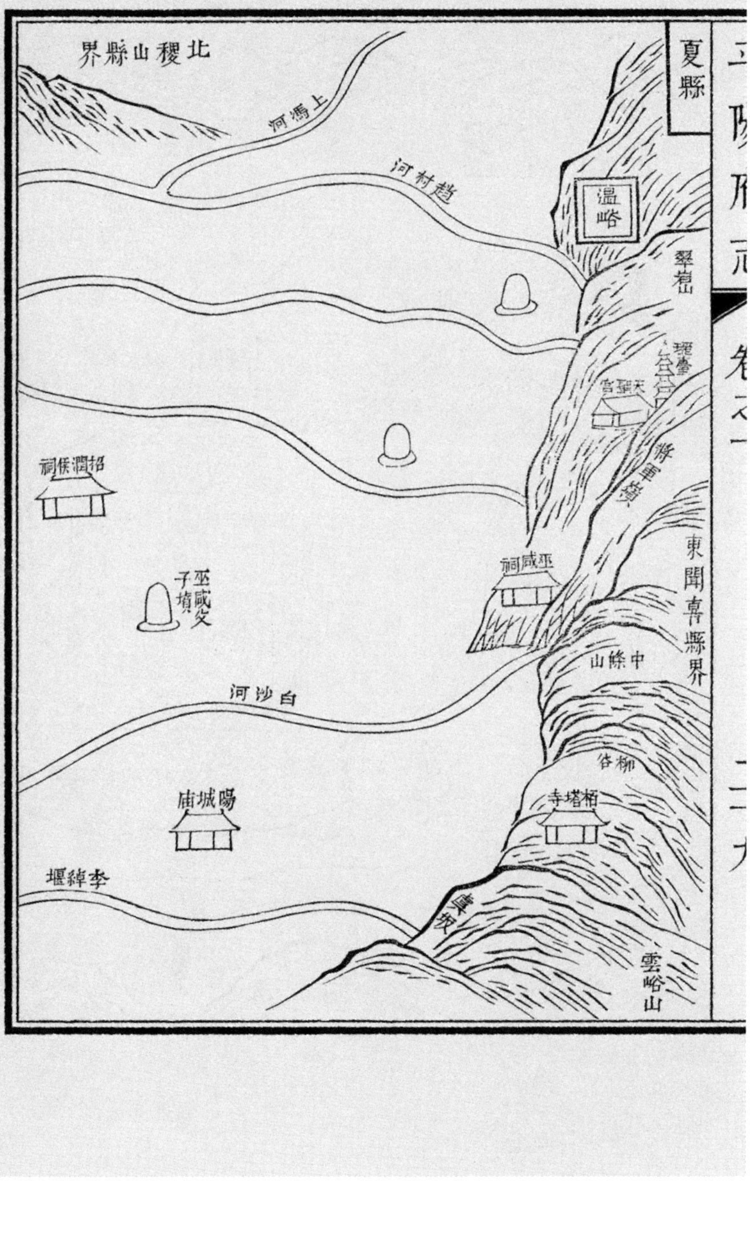
夏縣
北稷山縣界
上馮河
趙村河
溫峪
翠巖山
瑶臺
天聖宮
將軍嶺
東聞喜縣界
招潤侯祠
巫咸祠
巫咸父子墳
中條山
白沙河
柳谷
栢塔寺
陽城廟
李綽堰
虞坂
雲峪山

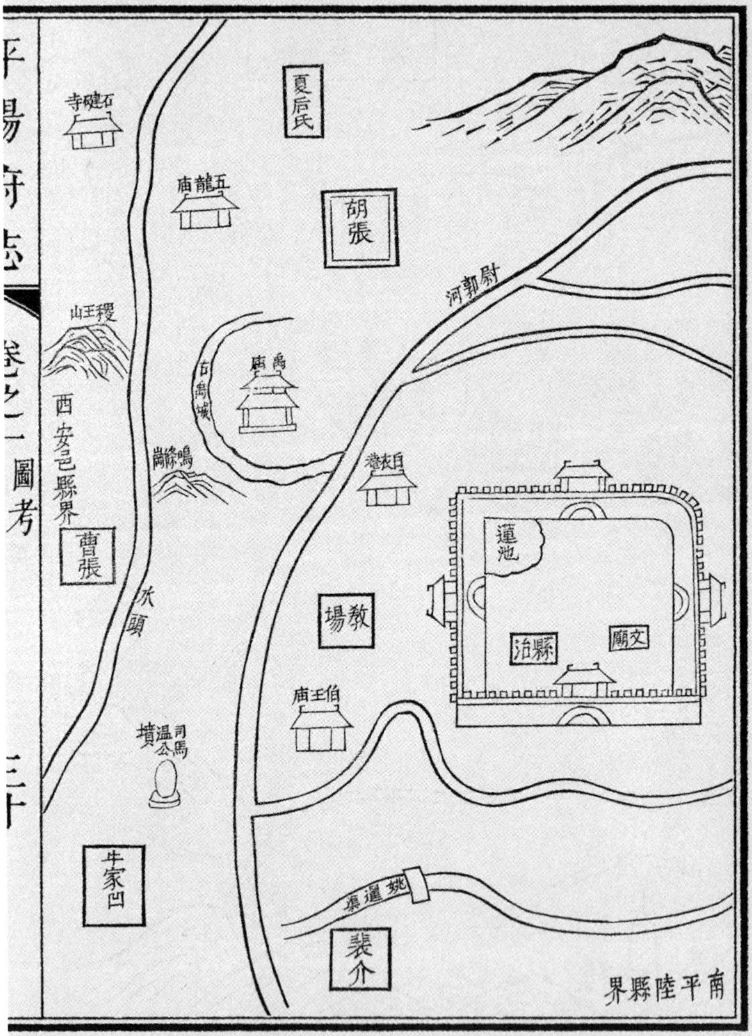
平陽府志
卷之一　圖考
三十
石礎寺
夏后氏
五龍廟
胡張
尉郭河
稷王山
古禹城
禹廟
西安邑縣界
鳴條崗
白衣巷
蓮池
曹張
水頭
教場
縣治
文廟
伯王廟
司馬温公墳
牛家凹
姚暹渠
裴介
南平陸縣界

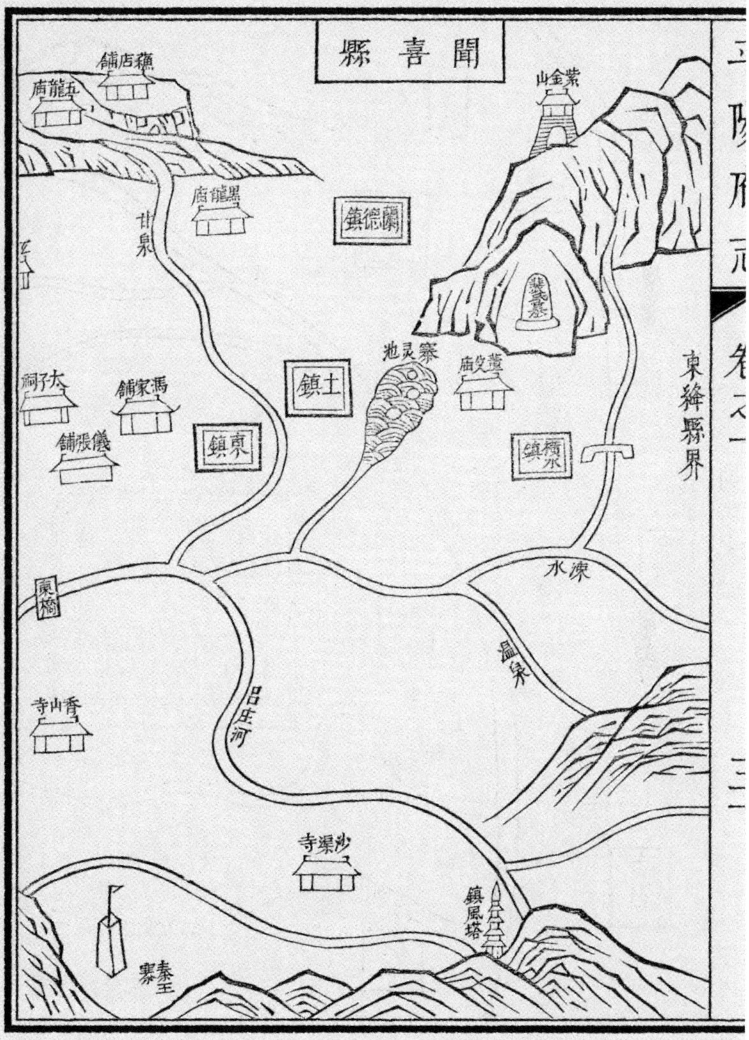
聞喜縣
五龍廟
蘊店舖
紫金山
黑龍廟
蘭德鎮
甘泉
寨灵池
董交廟
土鎮
太子祠
馮家舖
儀張舖
東鎮
横水鎮
東絳縣界
東橋
涑水
温泉
呂庄河
香山寺
沙渠寺
鎮風塔
秦王寨

平陽府志　卷之一　圖考　三十一

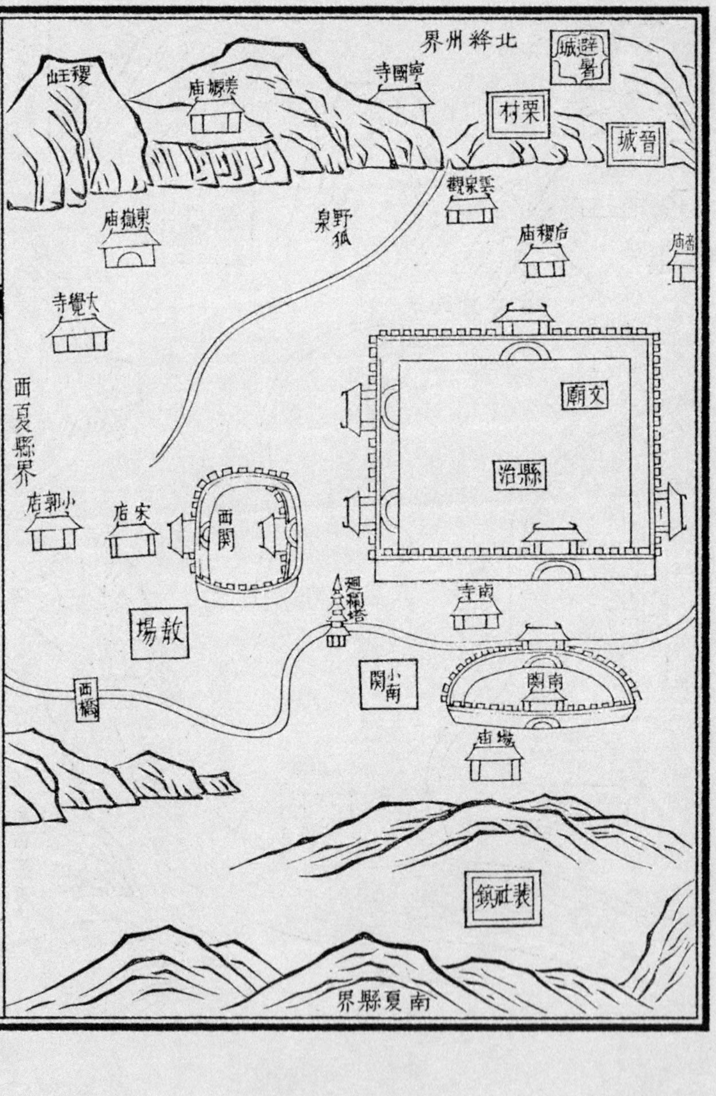

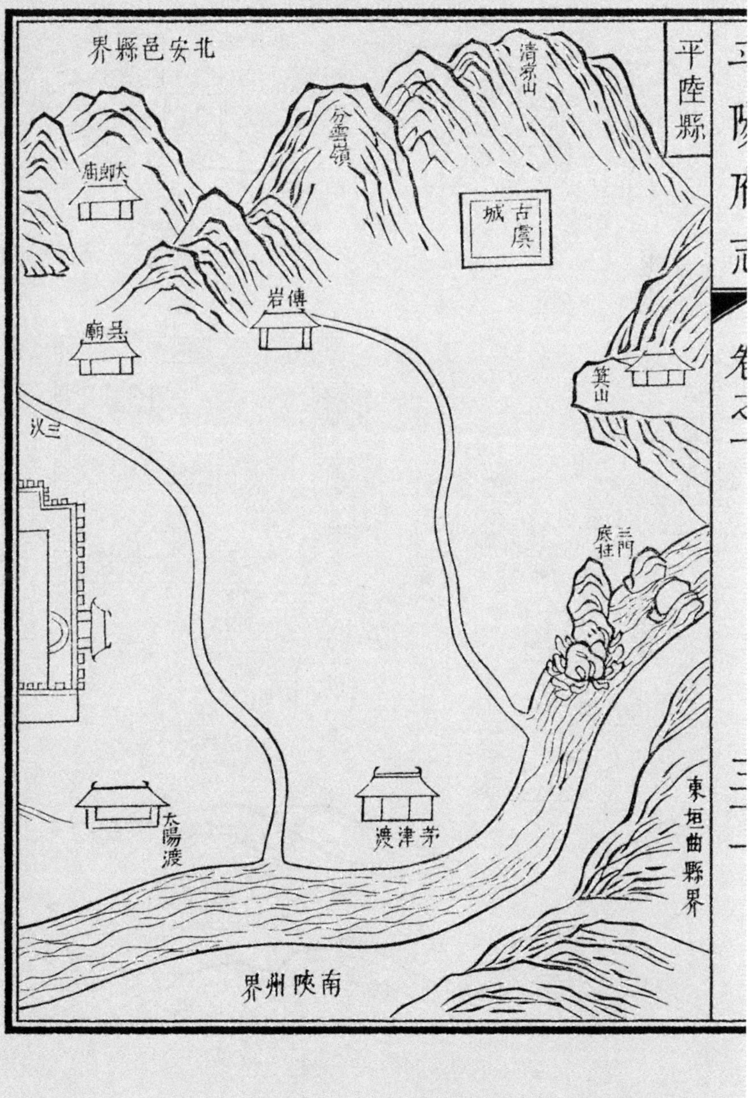
平陸縣
北安邑縣界
清凉山
分雲嶺
大郎廟
古虞城
傅岩
吳廟
箕山
三汊
三門底柱
太陽渡
茅津渡
東垣曲縣界
南陝州界

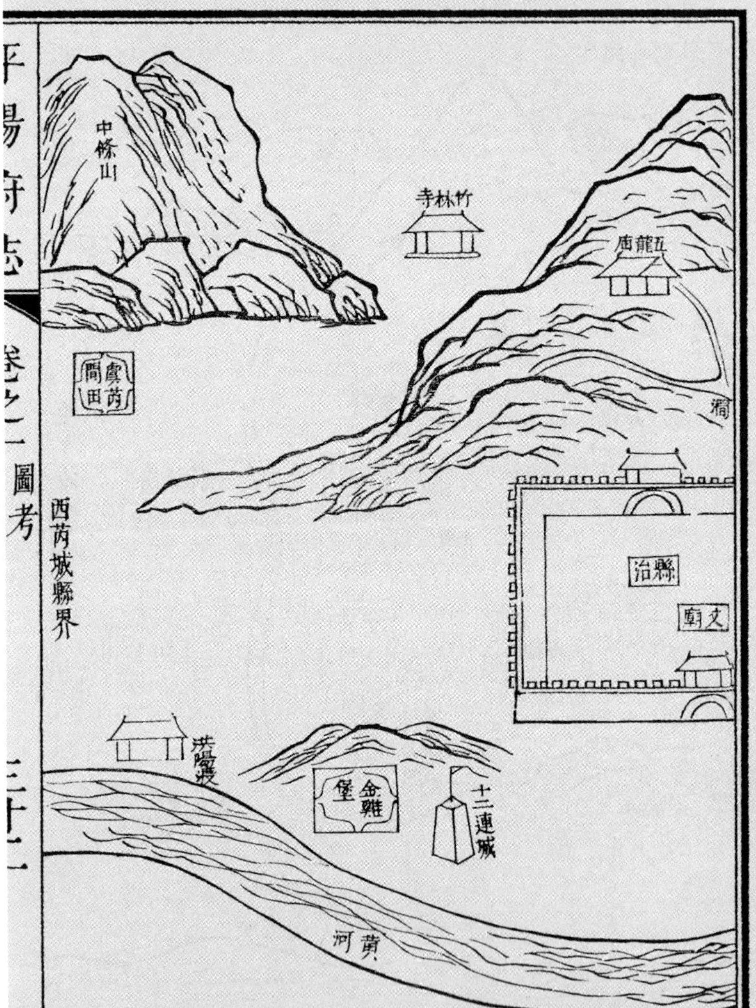
平陽府志
卷之一 圖考
三十二
中條山
竹林寺
五龍廟
虞芮閒田
西芮城縣界
縣治
文廟
洪陽渡
金雞堡
十二連城
黃河

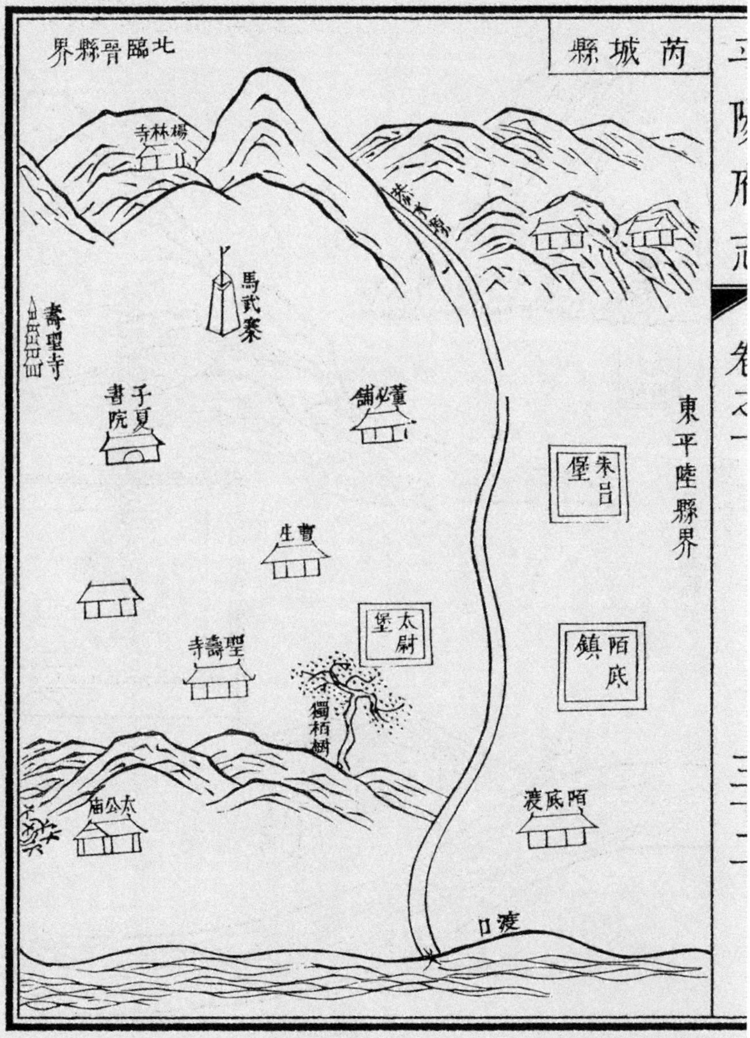
芮城縣
北臨晉縣界
楊林寺
馬武寨
壽聖寺
子夏書院
東平陸縣界
朱呂堡
曹生
太尉堡
陌底鎮
聖壽寺
獨栢樹
太公廟
陌底渡
渡口

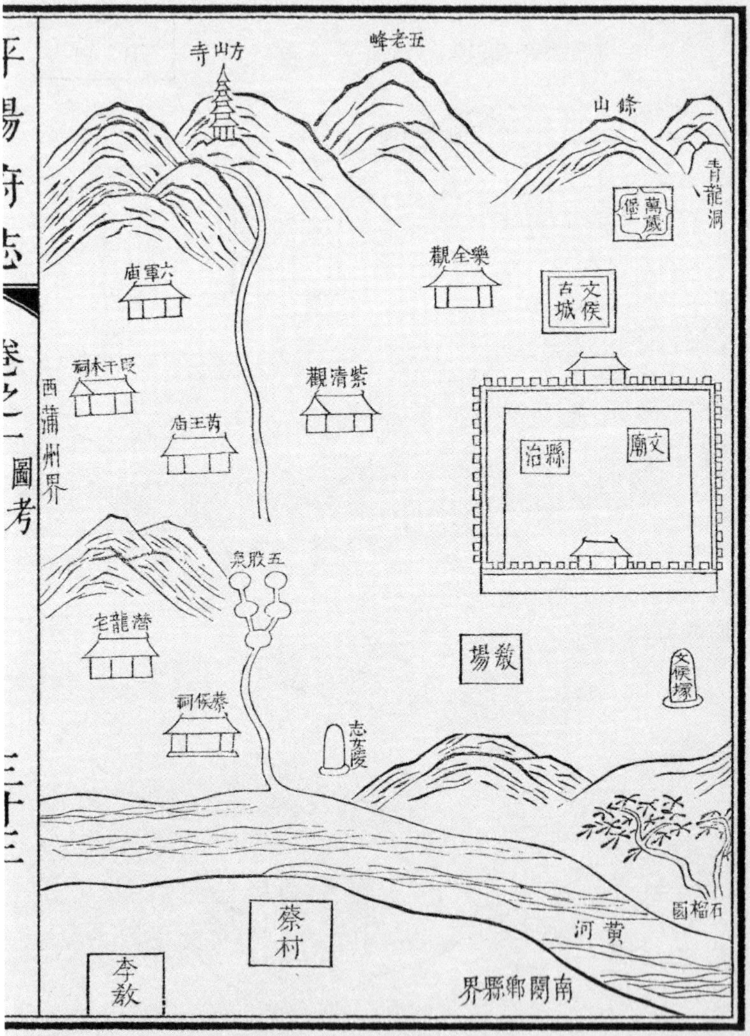
平陽府志
卷之一圖考
三十三
方山寺
五老峰
餘山
青龍洞
萬歲堡
樂全觀
文侯古城
六軍廟
段干木祠
紫清觀
西蒲州界
芮王廟
文廟
縣治
五股泉
潜龍宅
教場
文侯塚
蔡侯祠
志女陵
石榴園
黄河
蔡村
李教
南閿鄉縣界

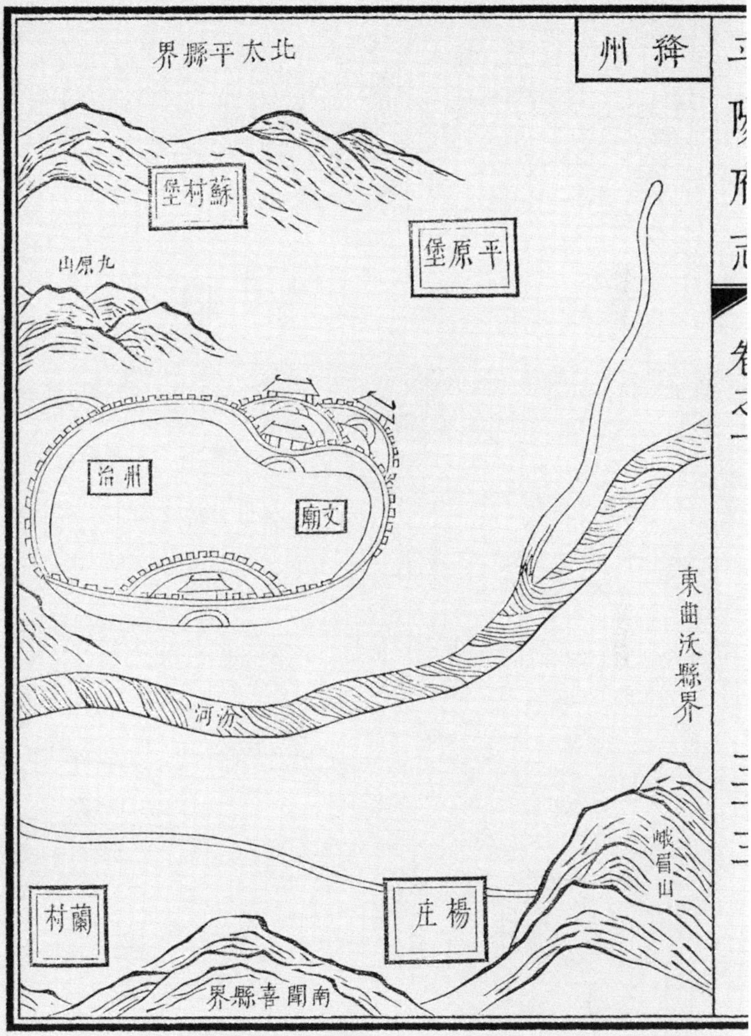
絳州
北太平縣界
蘇村堡
平原堡
九原山
州治
文廟
汾河
東曲沃縣界
峨嵋山
楊庄
蘭村
南聞喜縣界

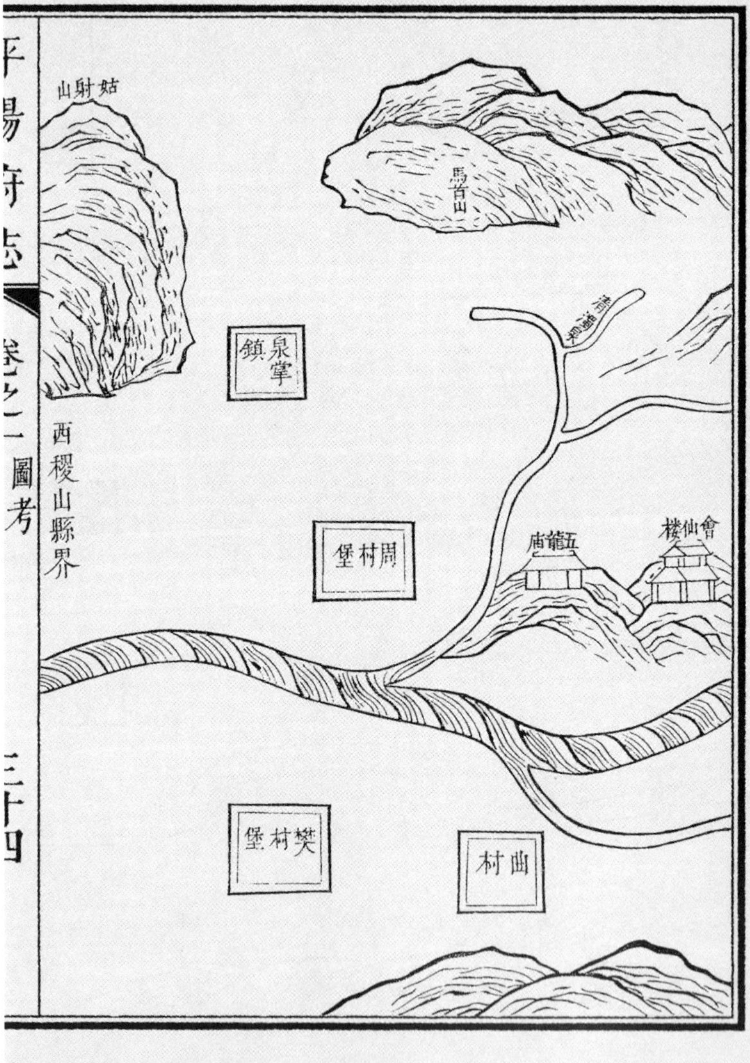
平陽府志　卷之一　圖考　三十四
姑射山
馬首山
清澗泉
泉掌鎮
西稷山縣界
周村堡
五龍廟
會仙樓
樊村堡
曲村

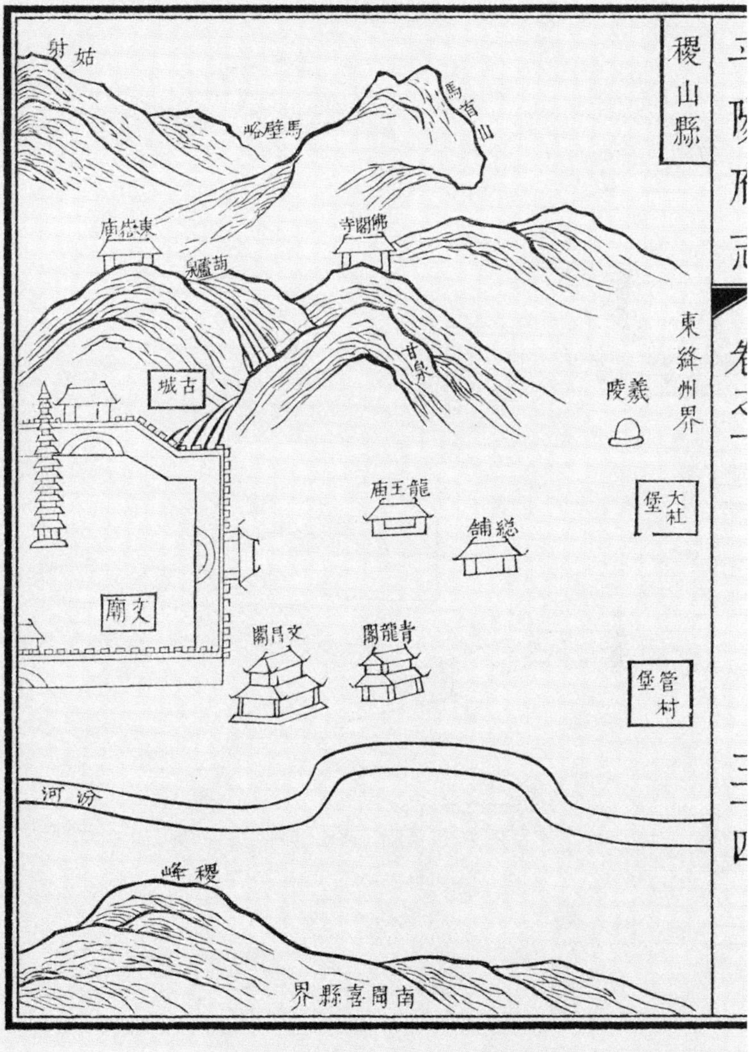
稷山縣
姑射
馬壁峪
馬首山
東嶽廟
葫蘆泉
佛閣寺
甘泉
古城
東絳州界
羲陵
龍王廟
大杜堡
總鋪
文廟
文昌閣
青龍閣
管村堡
汾河
稷峰
南聞喜縣界

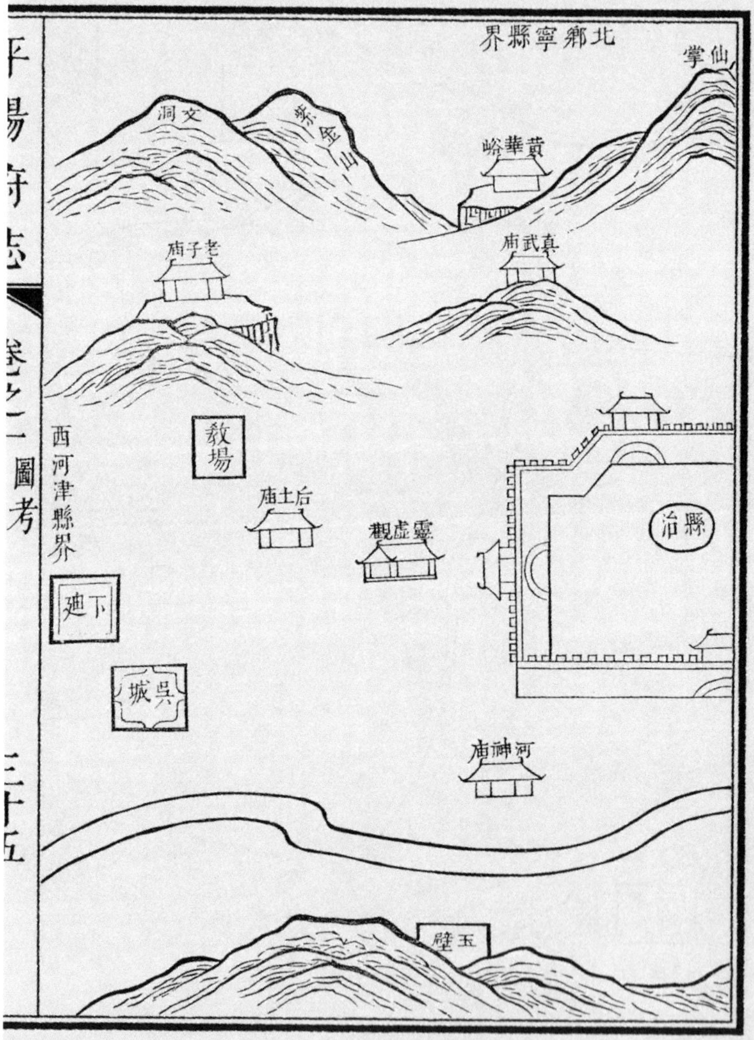
平陽府志　卷之一　圖考　三十五
北鄉寧縣界
仙掌
文洞
紫金山
黃華峪
真武廟
老子廟
教場
西河津縣界
后土廟
靈虛觀
縣治
下廼
吳城
河神廟
玉壁

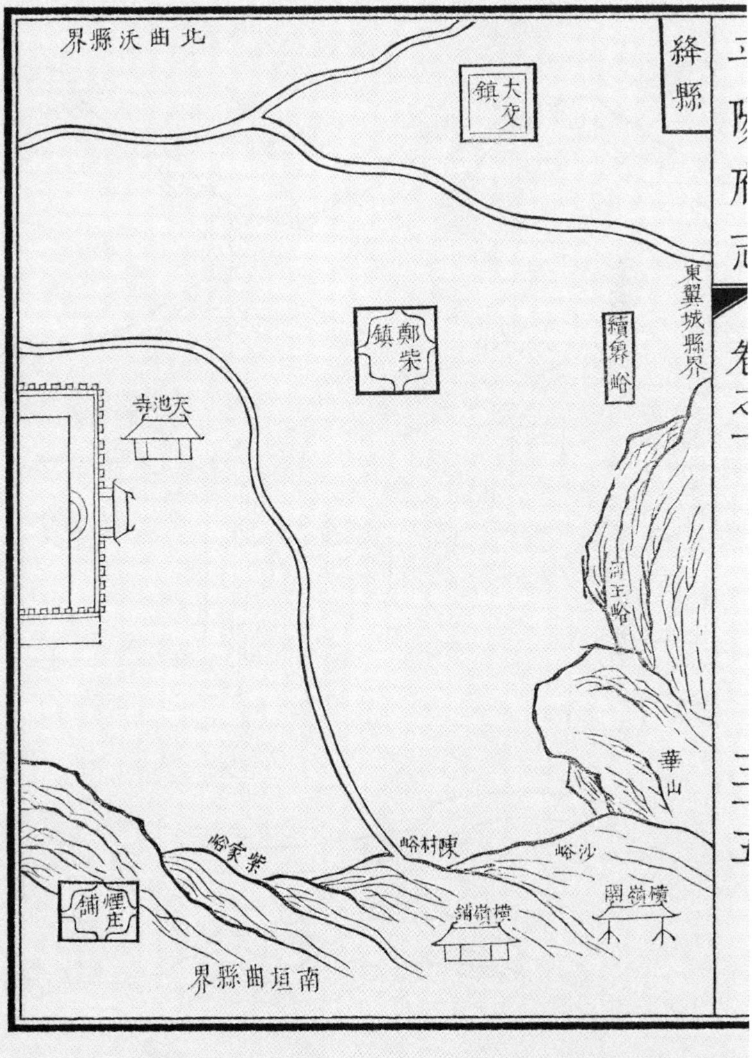

北曲沃縣界
絳縣
大交鎮
鄭柴鎮
東翼城縣界
天池寺
河王峪
華山
陳村峪
沙峪
紫家峪
横嶺鋪
横嶺關
煙庄鋪
南垣曲縣界

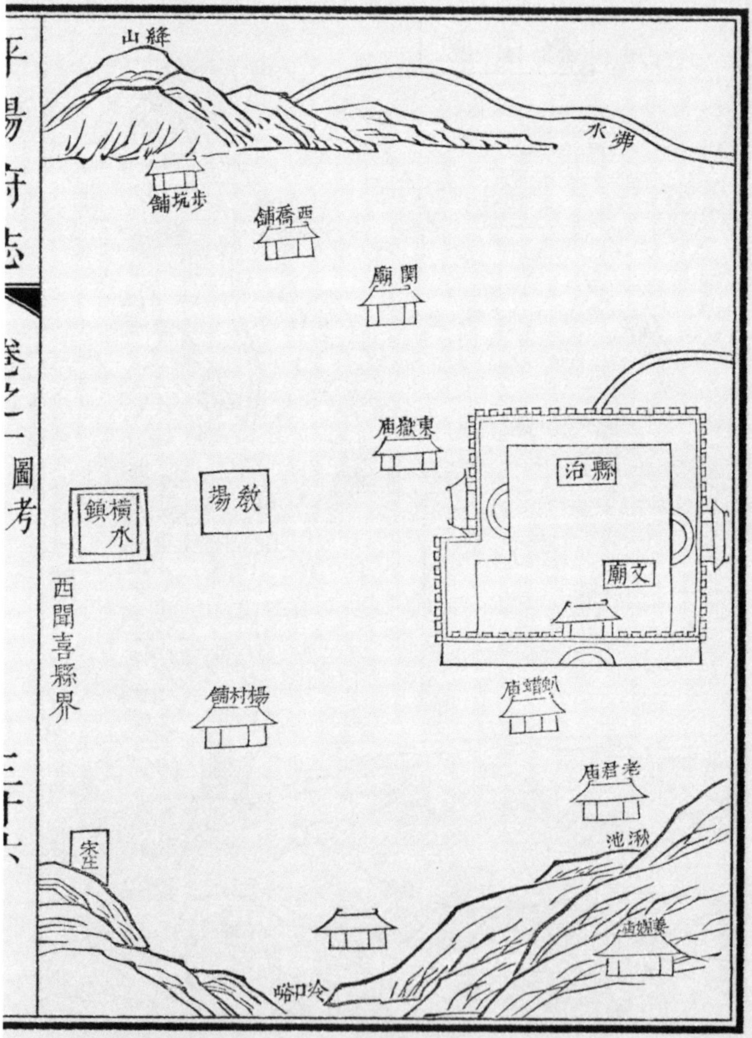
平陽府志
卷之一圖考
三十六
絳山
沸水
步坑舖
西橋舖
關廟
東嶽廟
縣治
教場
橫水鎮
文廟
西聞喜縣界
楊村舖
八蜡廟
老君廟
湫池
宋庄
冷口峪

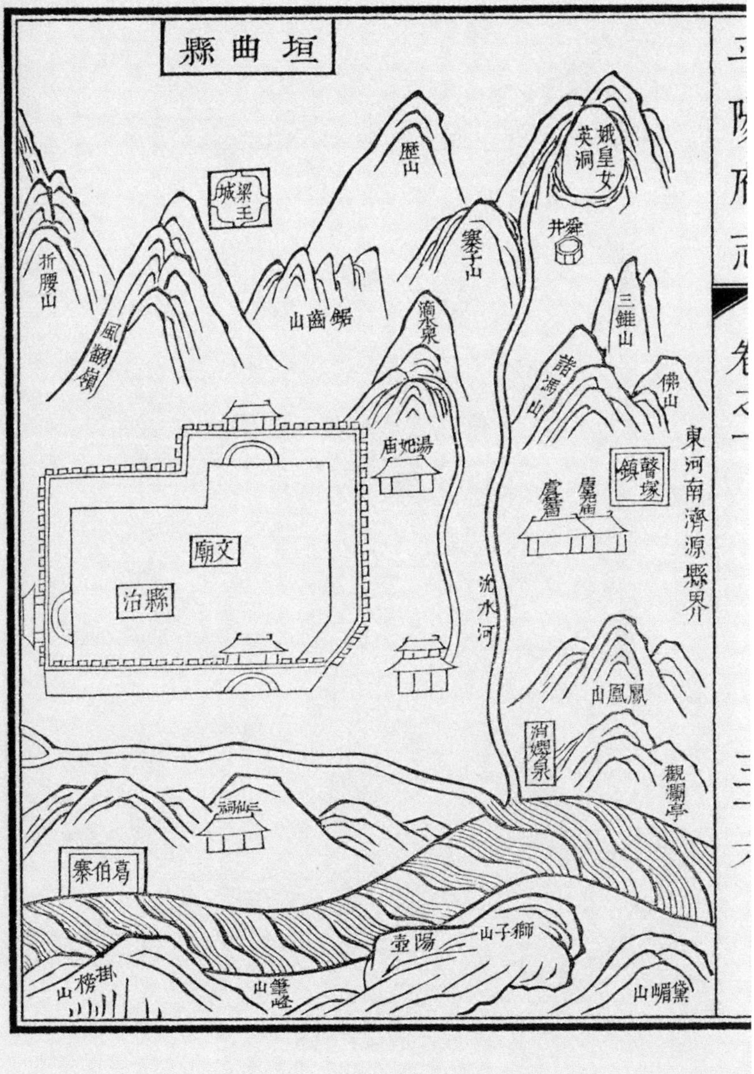
垣曲縣
梁王城
歷山
娥皇女英洞
舜井
寨子山
折腰山
風翻嶺
鋸齒山
滴水泉
三錐山
諸馮山
佛山
湯妃廟
文廟
縣治
東河南濟源縣界
流水河
鳳凰山
觀瀾亭
三仙祠
葛伯寨
獅子山
壺陽
掛榜山
筆峰山
黛嵋山

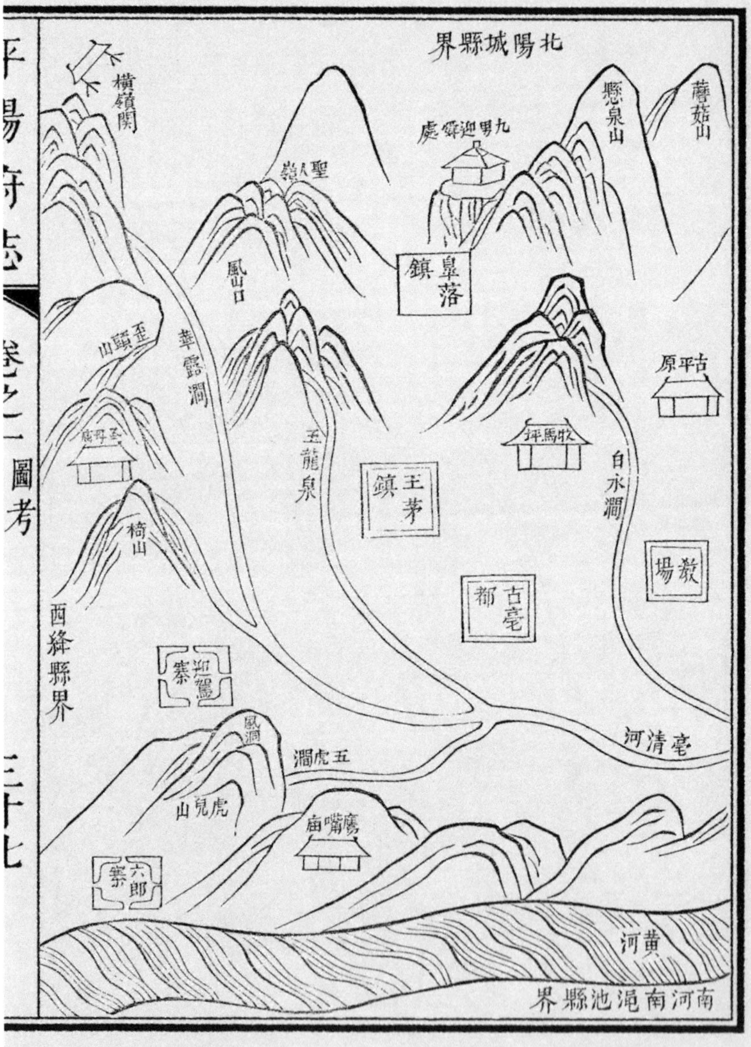
平陽府志
卷之一　圖考
三十七
北陽城縣界
橫嶺關
九男迎舜處
懸泉山
蘑菇山
聖人
風山口
皋落鎮
至頭山
華露澗
古平原
牧馬坪
至哥廟
五龍泉
王茅鎮
白水澗
教場
古亳都
椅山
西絳縣界
迎駕寨
風洞
亳清河
五虎澗
虎見山
鷹嘴廟
六郎寨
黃河
南河南澠池縣界

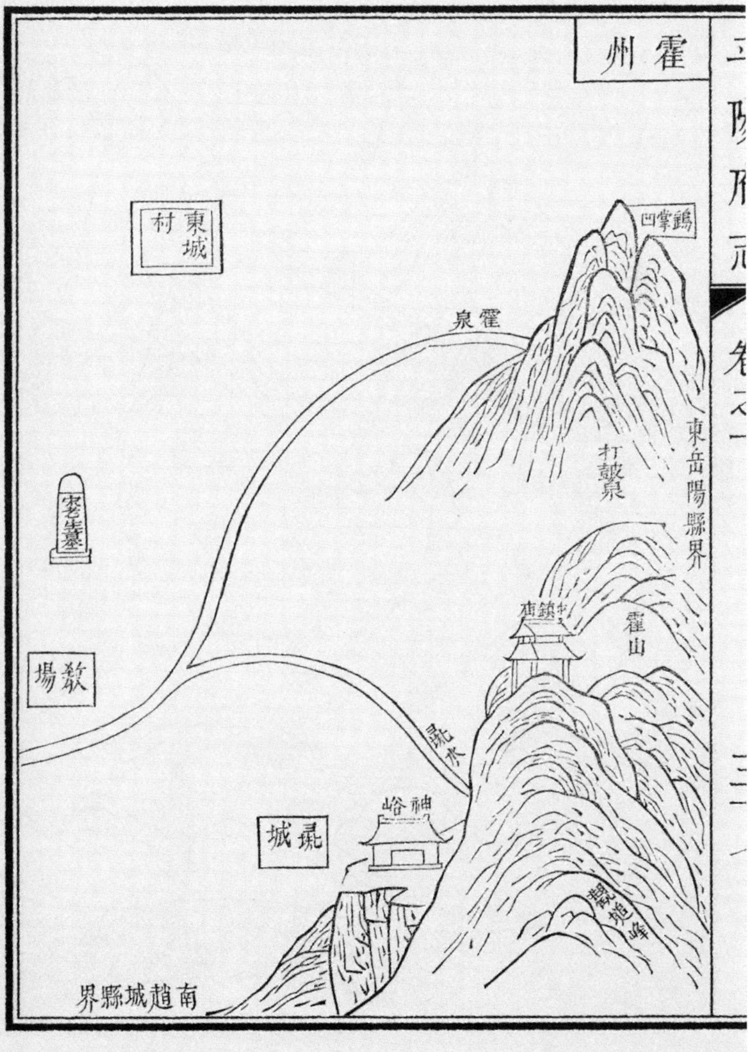
霍州
鷄掌凹
東城村
霍泉
打鼓泉
東岳陽縣界
霍山
中鎮廟
宋老生墓
鼓場
彘水
神峪
彘城
觀堆峰
南趙城縣界

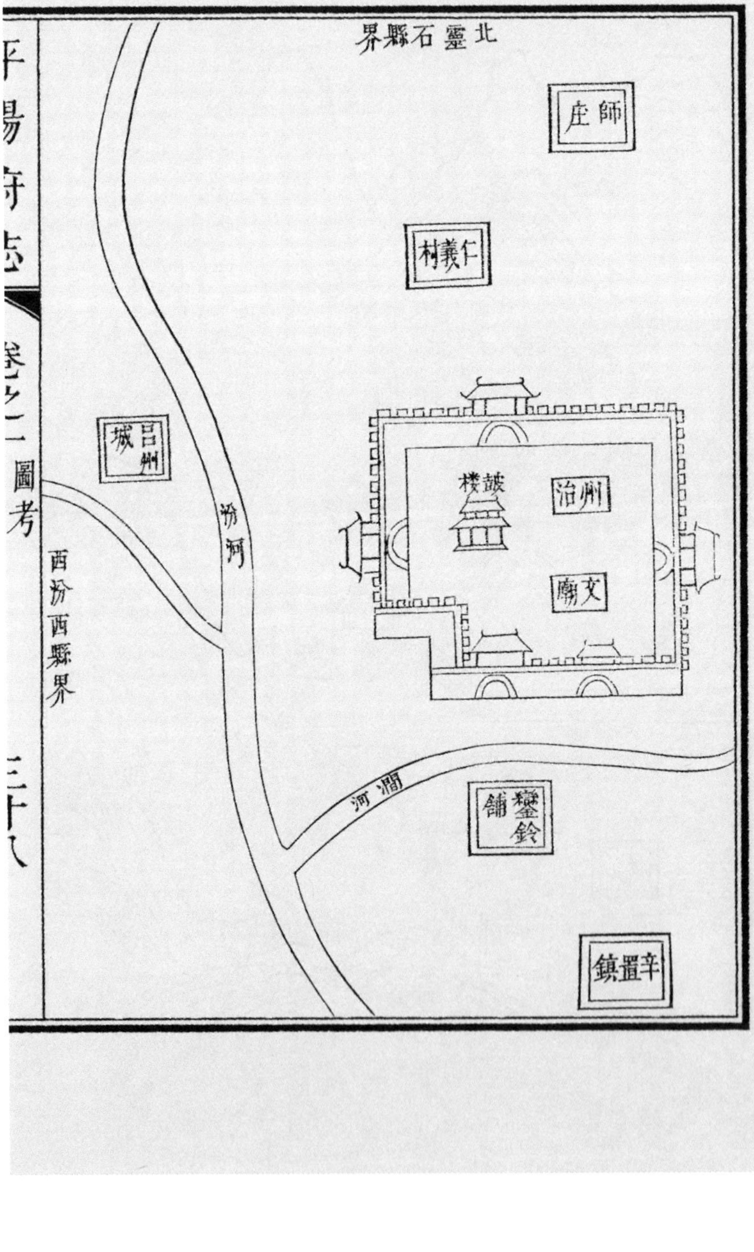
平陽府志
卷之一　圖考
三十八
北靈石縣界
師庄
仁義村
呂州城
汾河
西汾西縣界
譙樓
州治
文廟
澗河
鑾鈴舖
辛置鎮

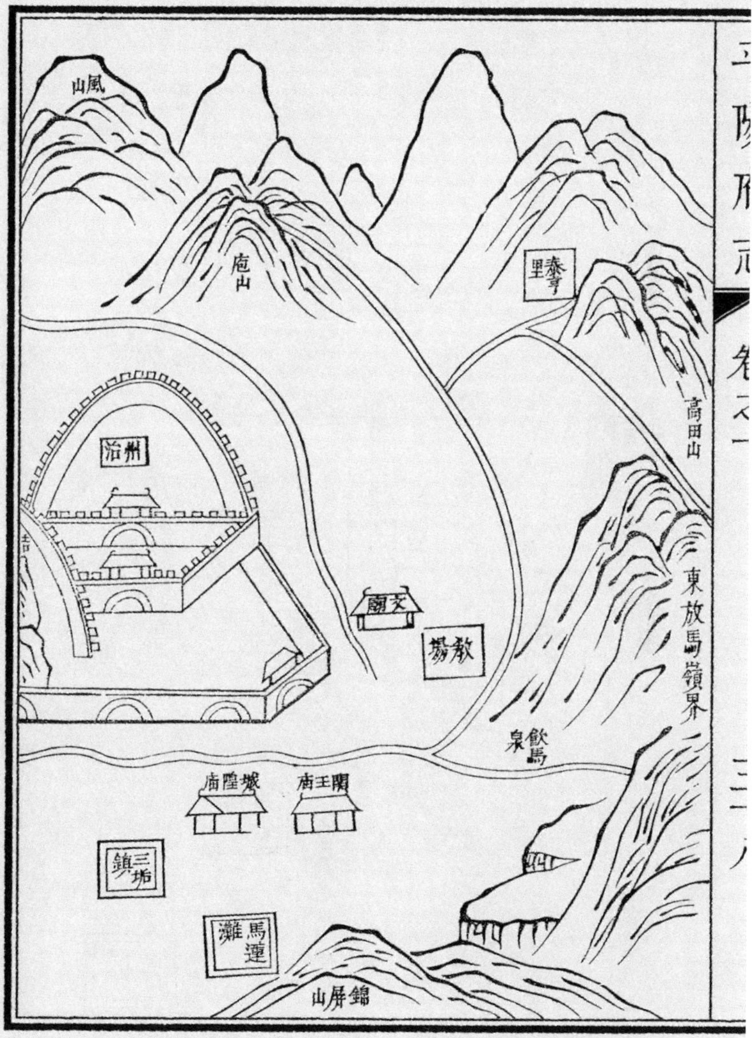

風山
庵山
高田山
州治
文廟
教場
東放馬嶺界
飲馬泉
城隍廟
關王廟
馬連灘
錦屏山

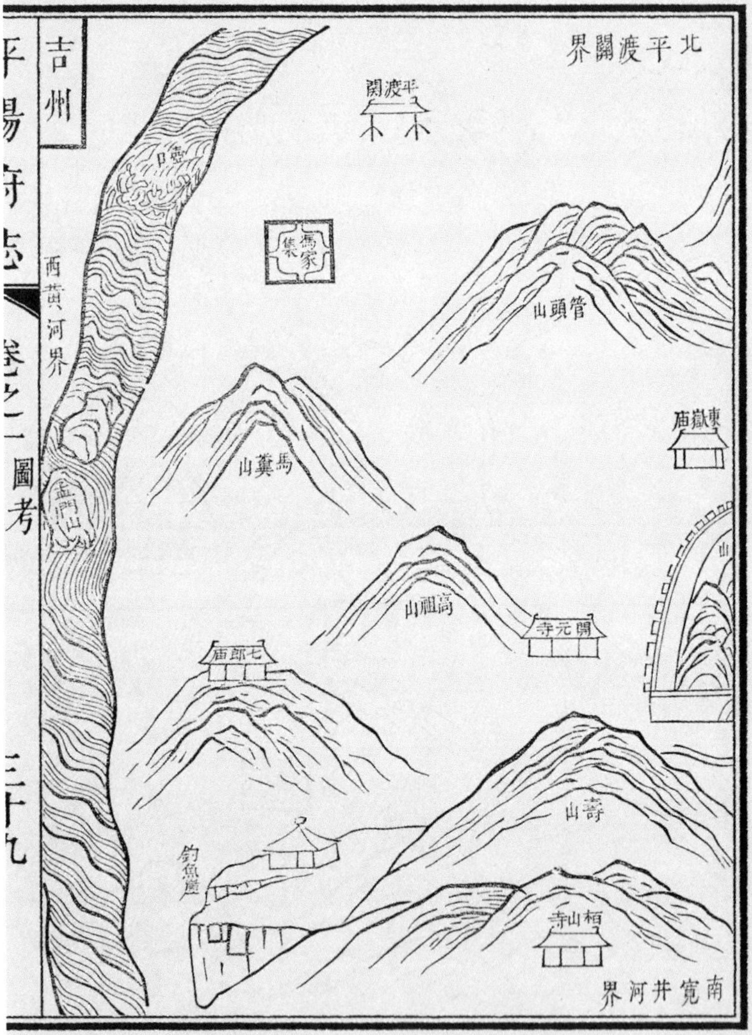
平陽府志
卷之一　圖考
三十九
吉州
北平渡關界
平渡關
馬家集
西黃河界
管頭山
馬糞山
孟門山
東嶽廟
高祖山
開元寺
七郎廟
壽山
釣魚臺
柏山寺
南寬井河界

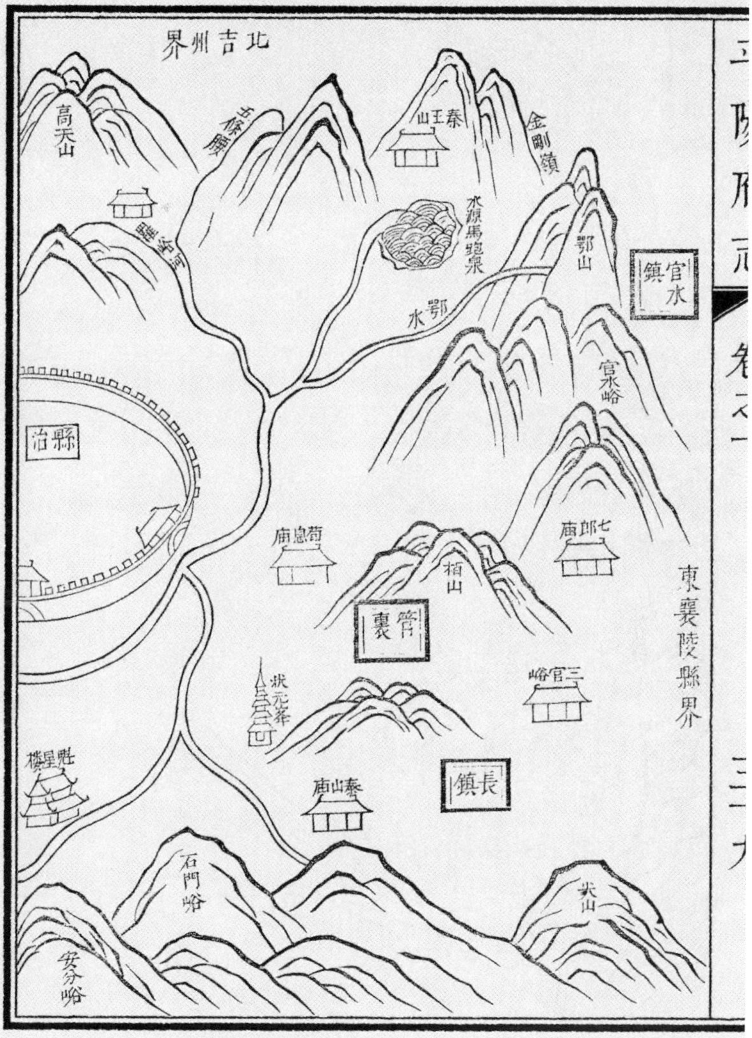
北吉州界
高天山
秦王山
金剛嶺
水源馬跑泉
鄂山
官水鎮
鄂水
官水峪
縣治
荀息廟
七郎廟
栢山
管裏
東襄陵縣界
三官峪
狀元峯
魁星樓
長鎮
秦山廟
石門峪
安分峪

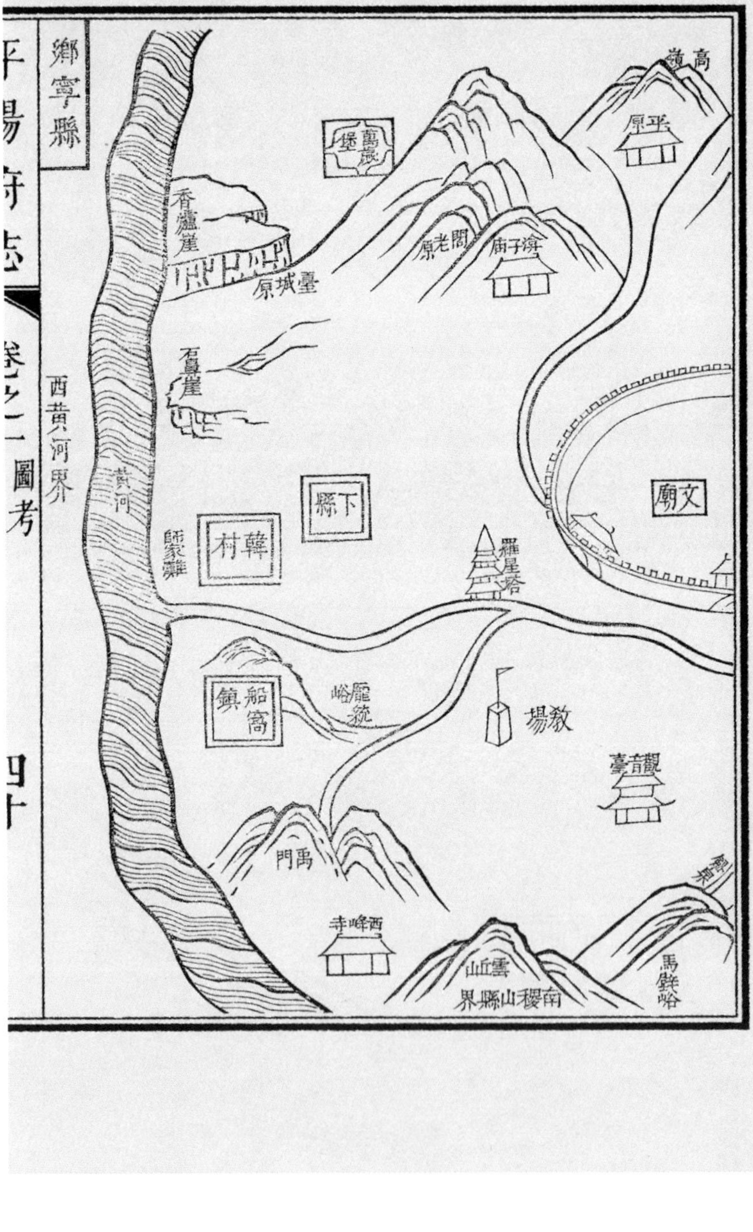
平陽府志
卷之一　圖考
四十
鄉寧縣
萬歲堡
高嶺
平原
香爐崖
臺城原
閣老原
石鼻崖
西黄河界
黄河
下縣
韓村
文廟
羅星塔
師家灘
船窩鎮
教場
觀臺
禹門
西峰寺
雲丘山
南稷山縣界

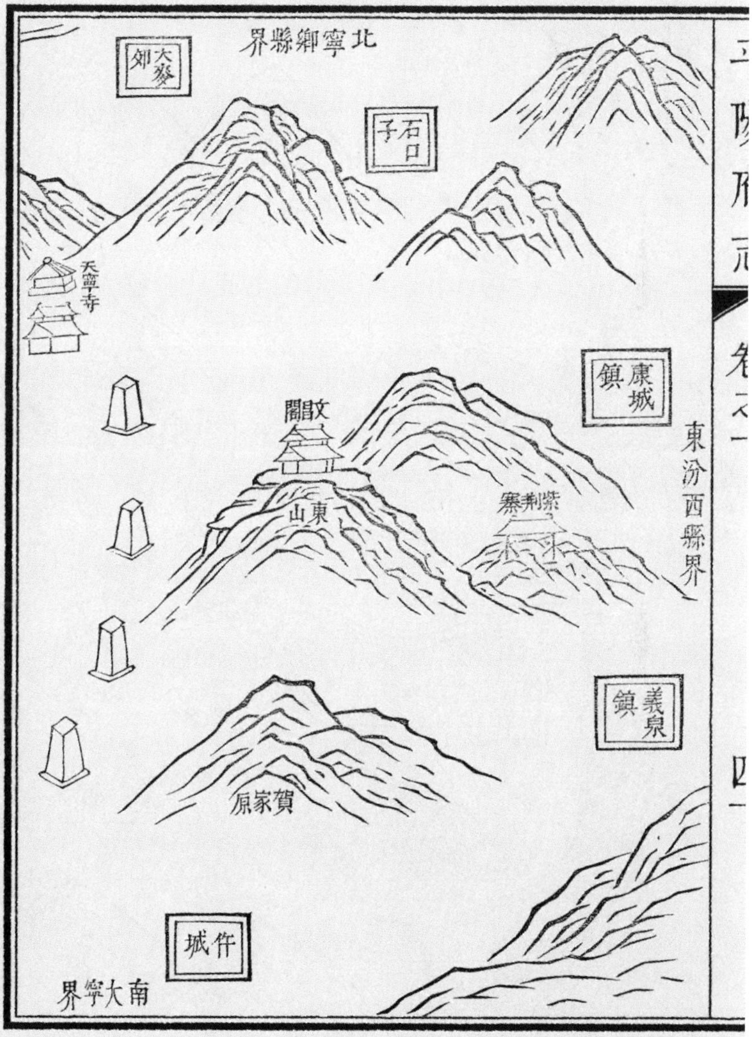
北寧鄉縣界
大麥郊
石口子
天寧寺
康城鎮
文閣
東山
紫荊寨
東汾西縣界
義泉鎮
賀家原
仵城
南大寧界

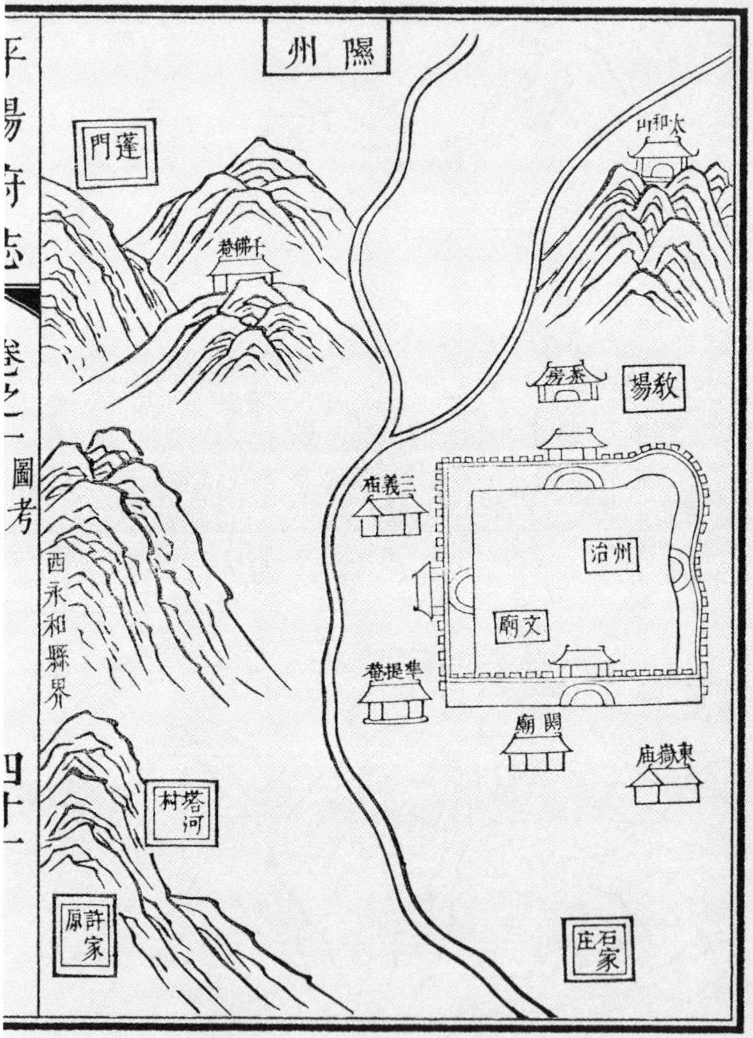
平陽府志
卷之一圖考
四十一
隰州
蓬門
千佛菴
太和山
教場
三義庵
州治
文廟
準提菴
關廟
東嶽庙
西永和縣界
塔河村
許家原
石家庄

捕狐山
東山
浮屠結
縣治
東隰州界
翠微山
南吉州界

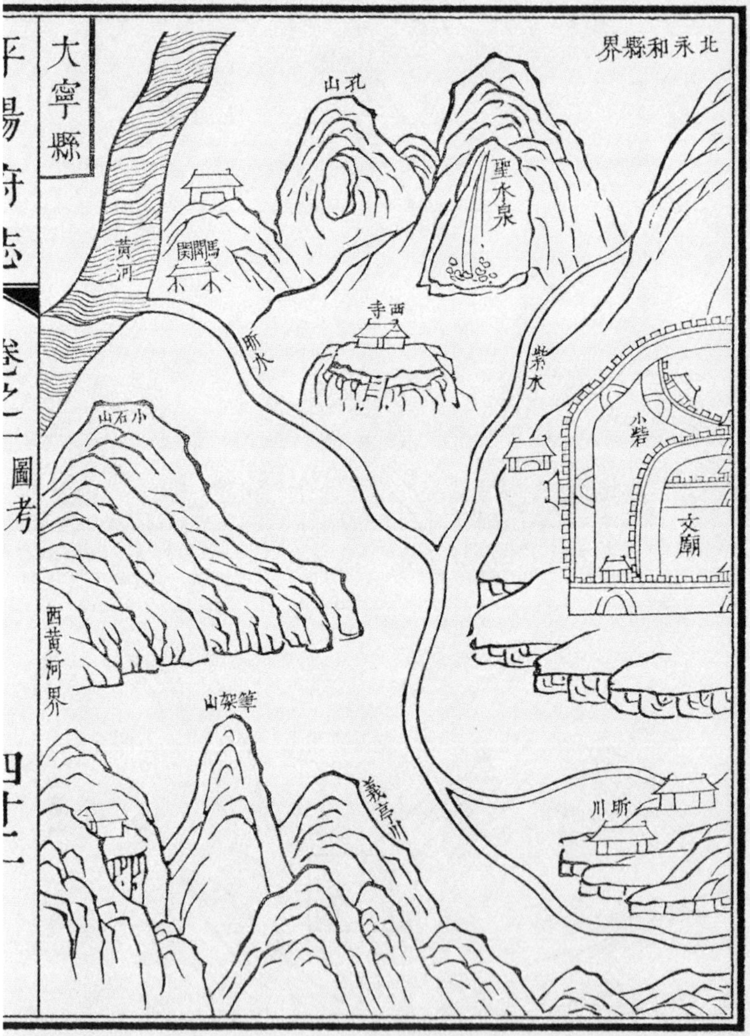
大寧縣
北永和縣界
孔山
聖水泉
黃河
馬鬬関
西寺
昕水
紫水
小石山
文廟
西黃河界
筆架山
義亭川
昕川

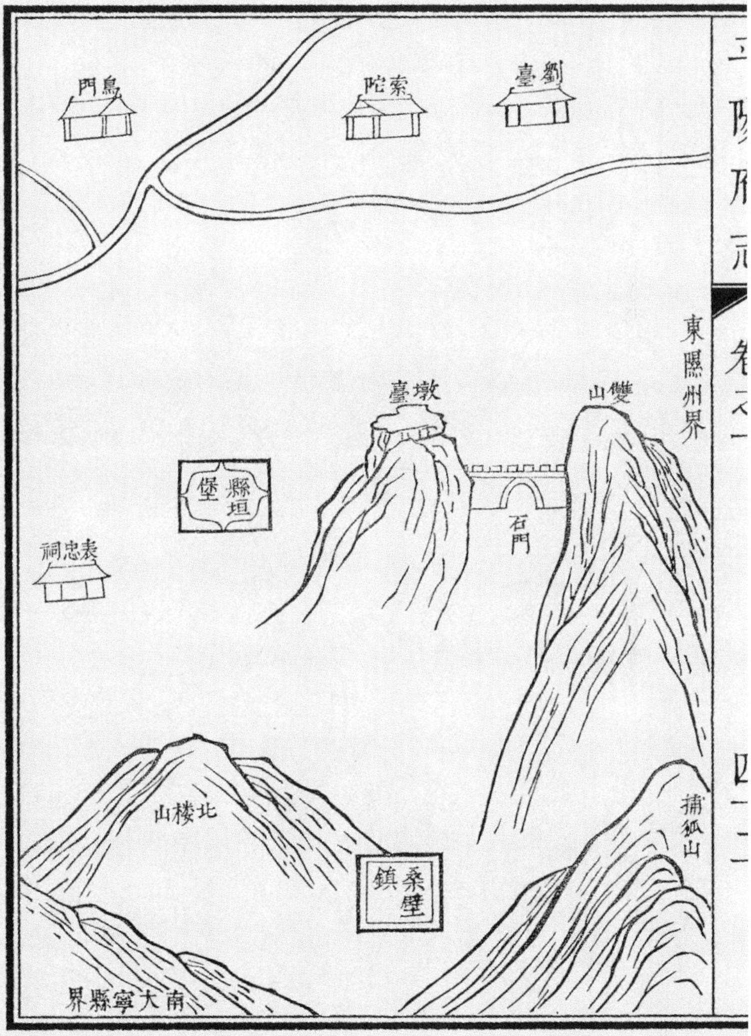
烏門
索陀
劉臺
墩臺
雙山
東隰州界
縣垣堡
表忠祠
石門
北樓山
桑壁鎮
捕狐山
南大寧縣界

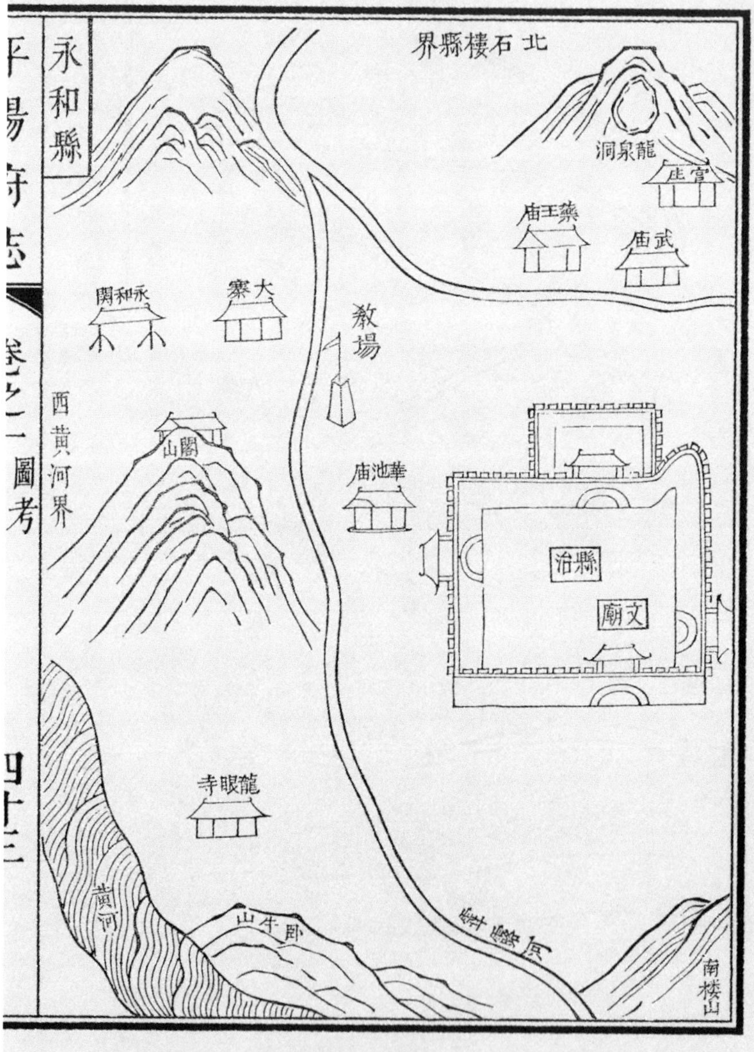
平陽府志
卷之一
圖考
四十三
永和縣
北石樓縣界
龍泉洞
官庄
藥王庙
武庙
永和関
大寨
教場
西黃河界
閣山
華池庙
縣治
文廟
龍眼寺
黃河
卧牛山
南楼山

堯舜禹建都圖

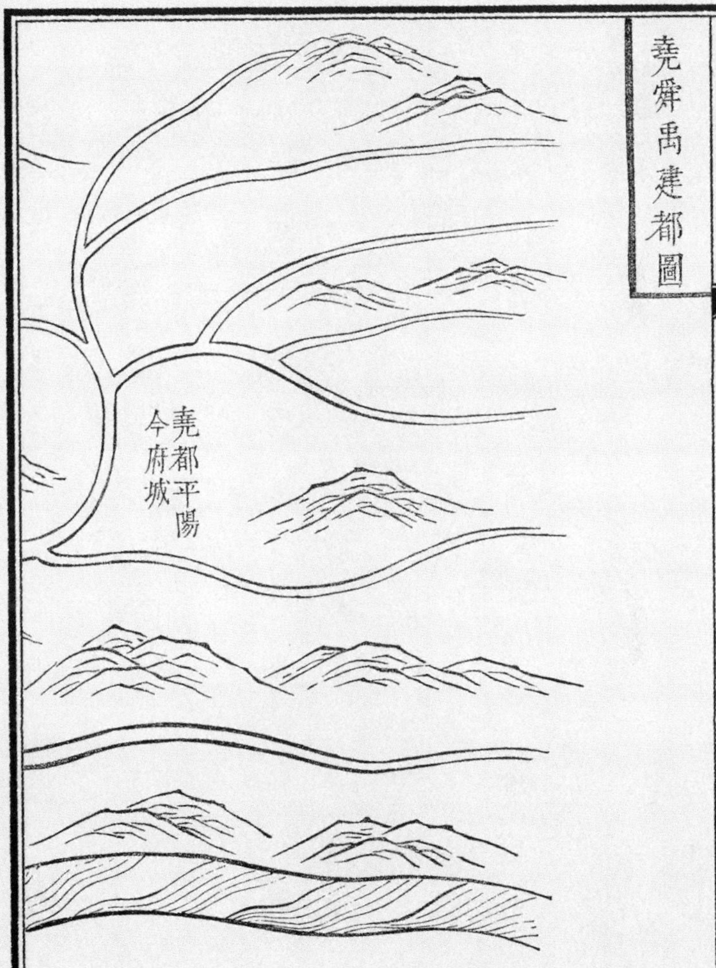

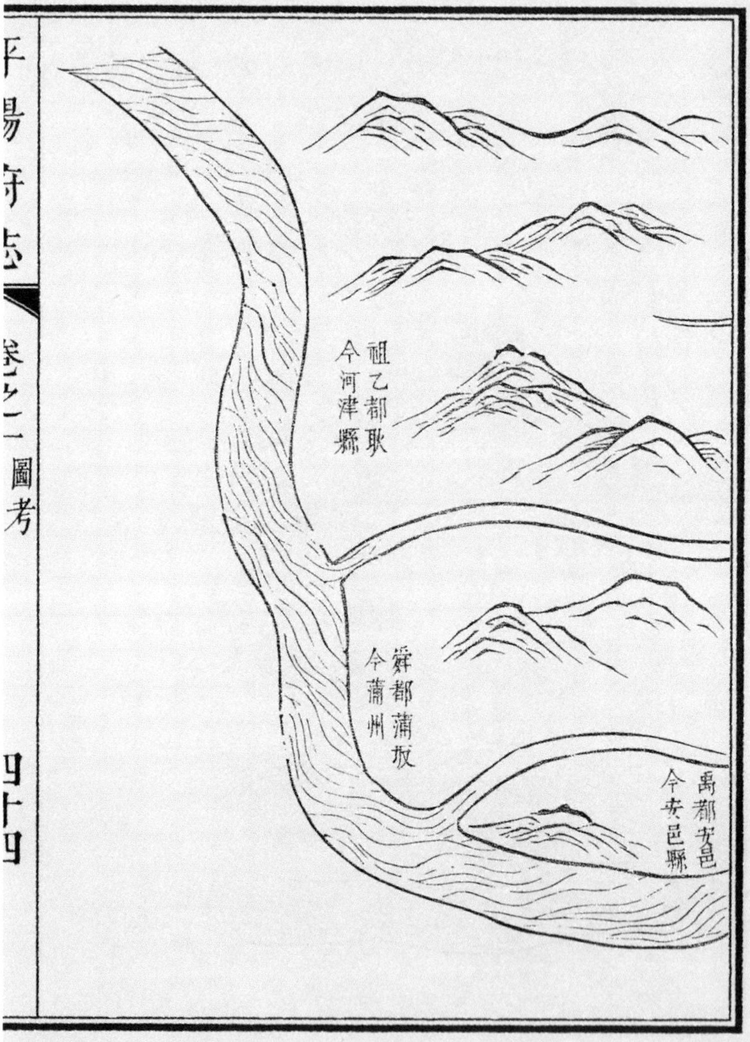
平陽府志
卷之一　圖考
四十四
祖乙都耿
今河津縣
舜都蒲坂
今蒲州
禹都安邑
今安邑縣

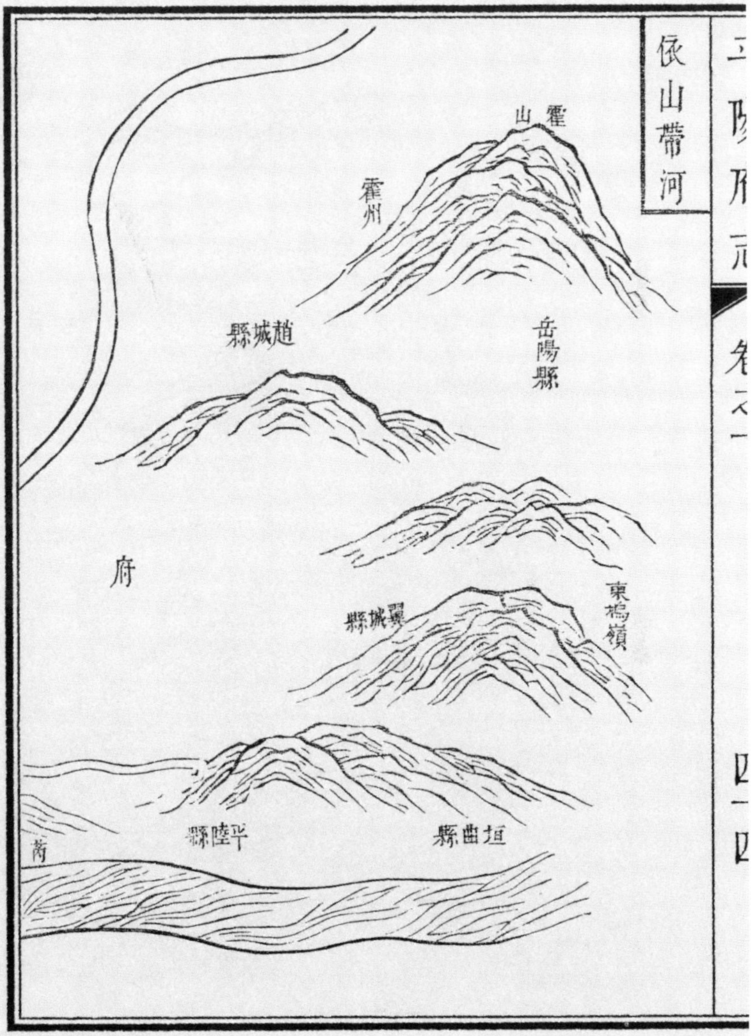

依山帶河
霍山
霍州
趙城縣
岳陽縣
府
東槝嶺
翼城縣
平陸縣
垣曲縣
芮

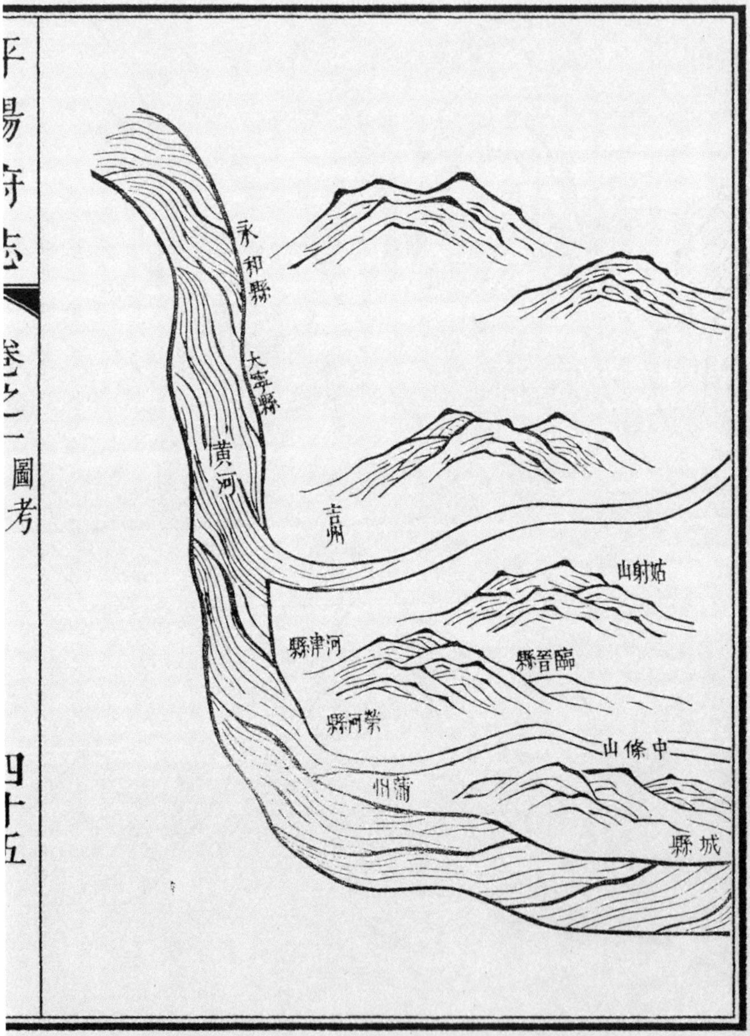
永和縣
大寧縣
黃河
姑射山
河津縣
臨晉縣
榮河縣
中條山
蒲州
城縣

觀塠峰
休糧寺
興唐寺
中鎮廟

霍山
神谷口
廣勝寺

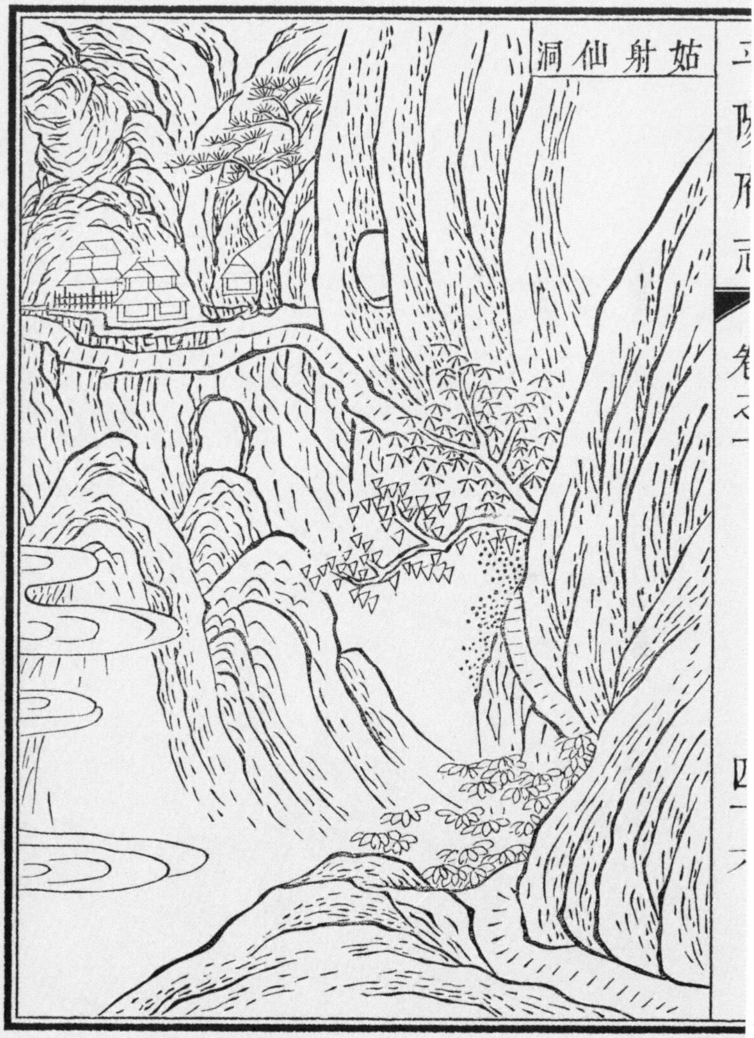
姑射仙洞

平陽府志　卷之一　圖考　四十七

平水龍祠
龍祠
桑落村

平陽府志
卷之一　圖考
四十八
金龍池
平山
原泉
平水
亭

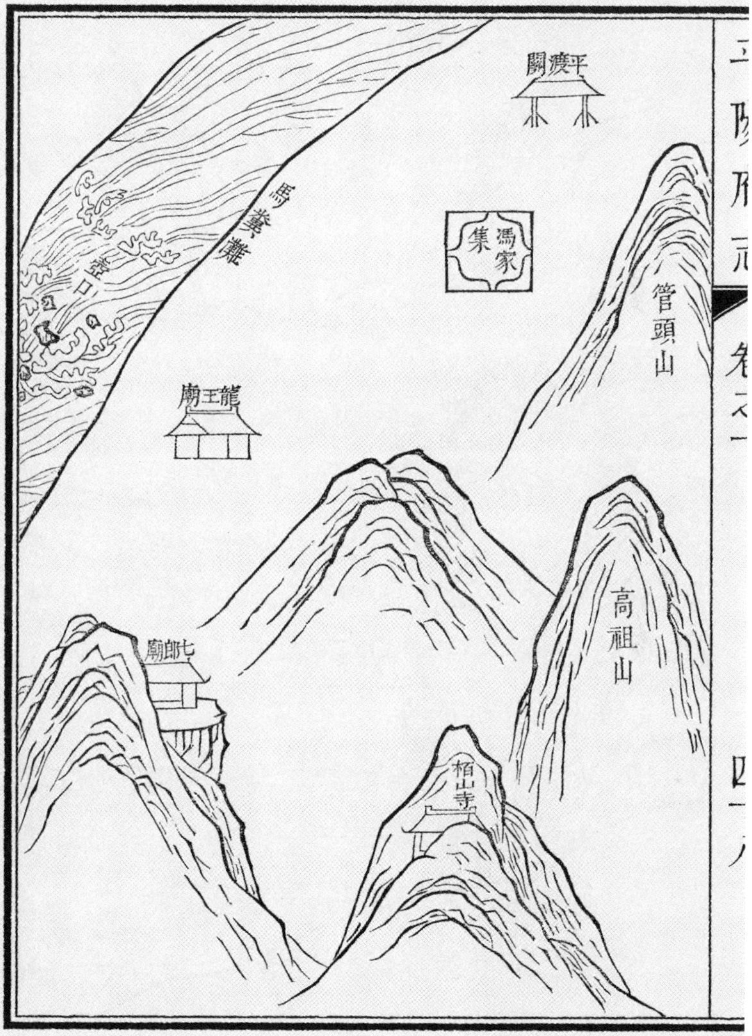
平渡關
馮家集
馬糞灘
壺口
龍王廟
管頭山
高祖山
七郎廟
栢山寺

平陽府志　卷之一　圖考　四十九

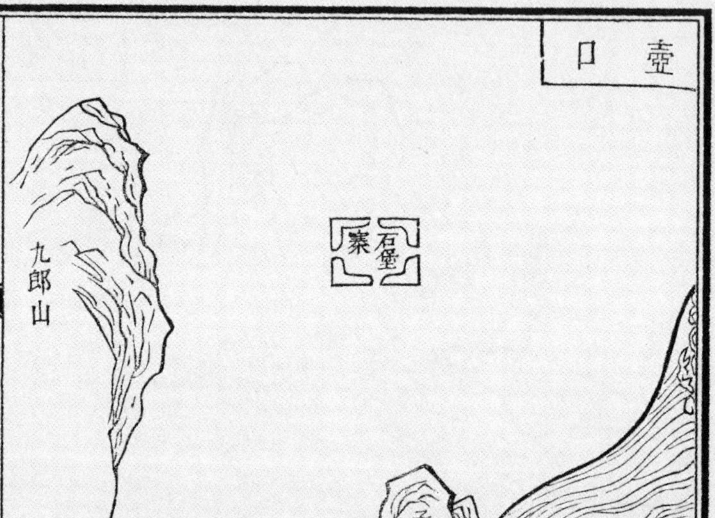

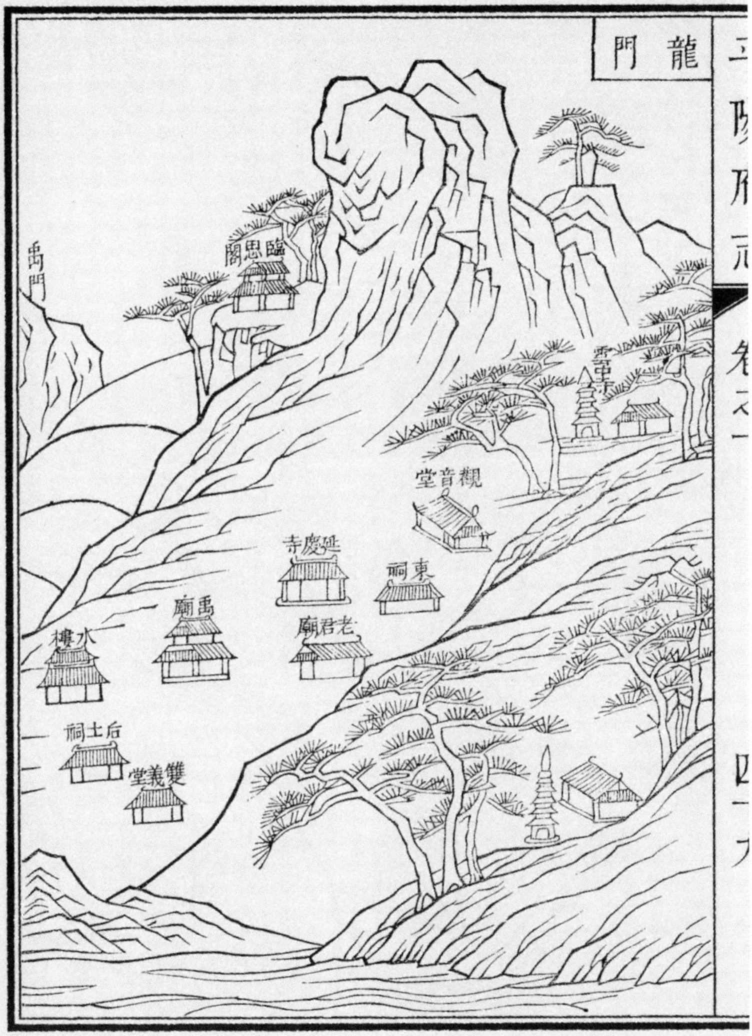
龍門
禹門
臨思閣
觀音堂
延慶寺
東祠
禹廟
老君廟
水樓
后土祠
雙義堂

中條山

平陽府志
卷之一　圖考
五十一
王官瀑布

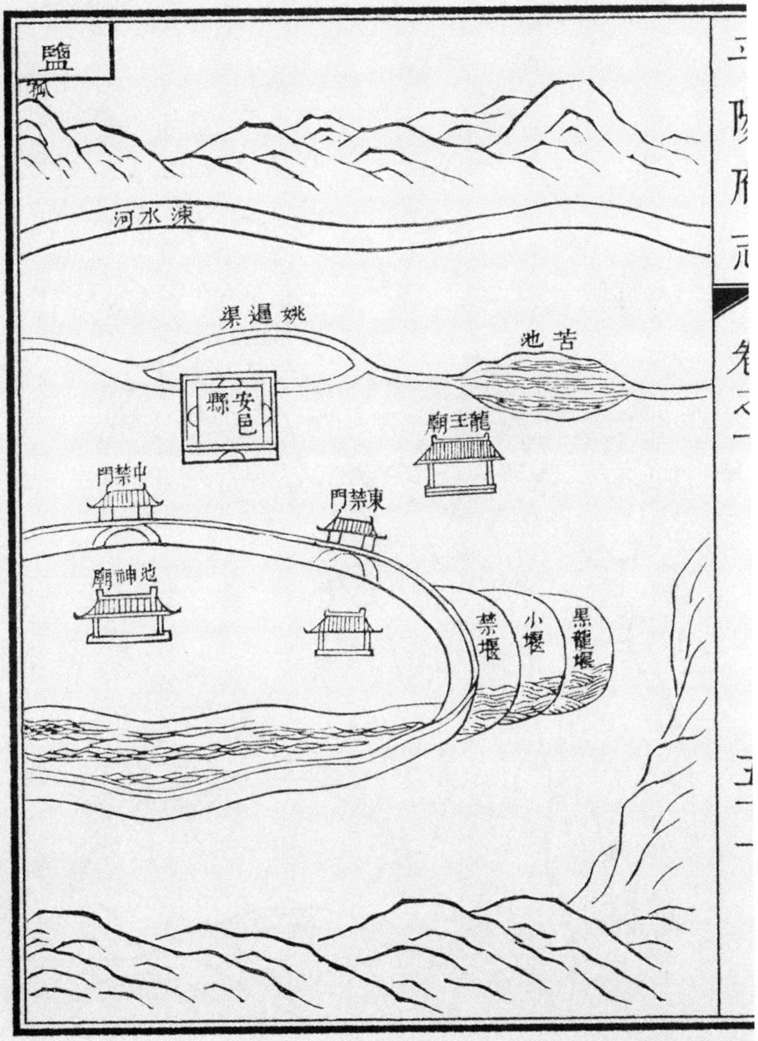
臨
涑水河
姚暹渠
苦池
安邑縣
龍王廟
中禁門
東禁門
池神廟
禁堰
小堰
黑龍堰

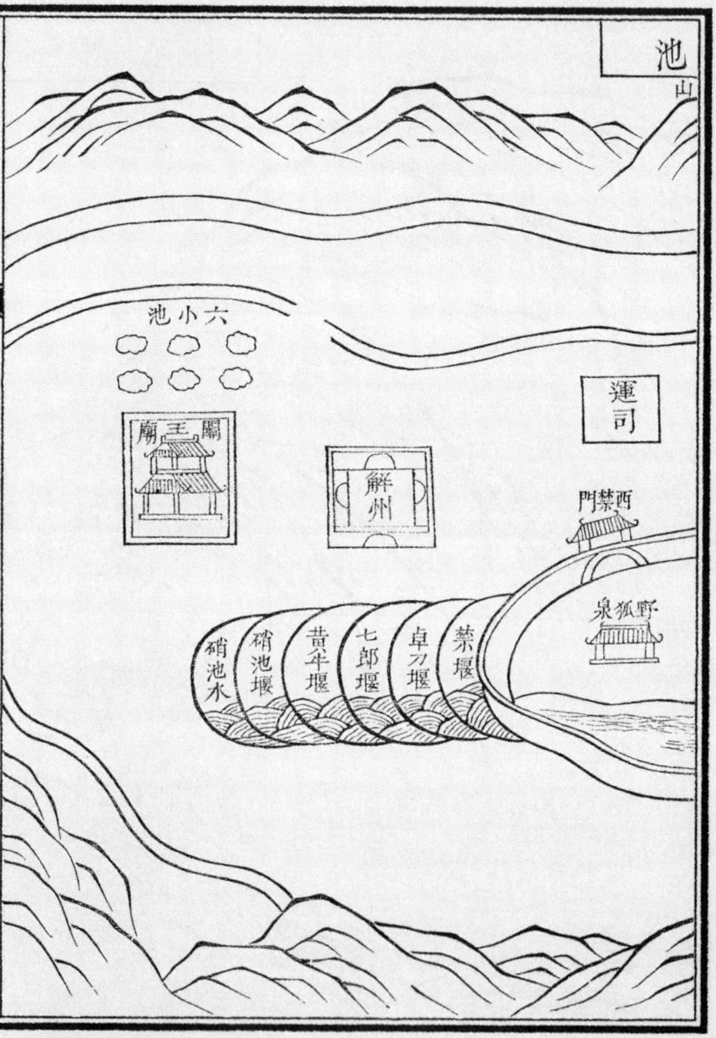
池
山
六小池
關王廟
解州
運司
西禁門
野狐泉
禁堰
卓刀堰
七郎堰
黄牛堰
硝池堰
硝池水

三門砥柱

平陽府志
卷之一圖考
五十三
砥柱
七津

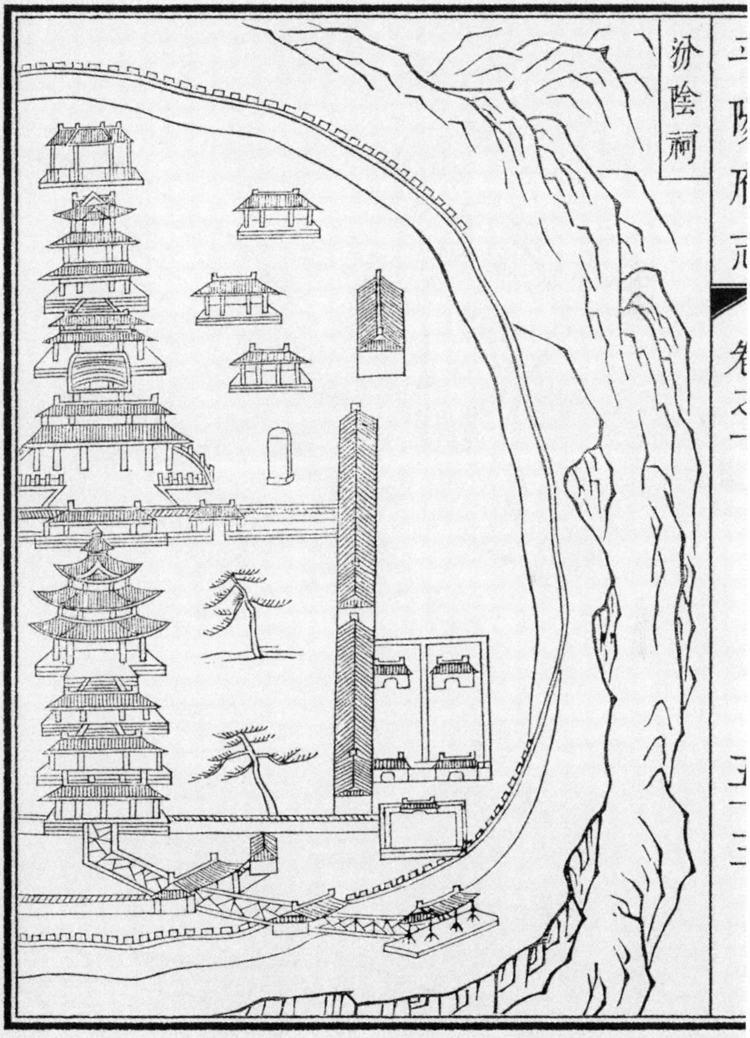
汾陰祠

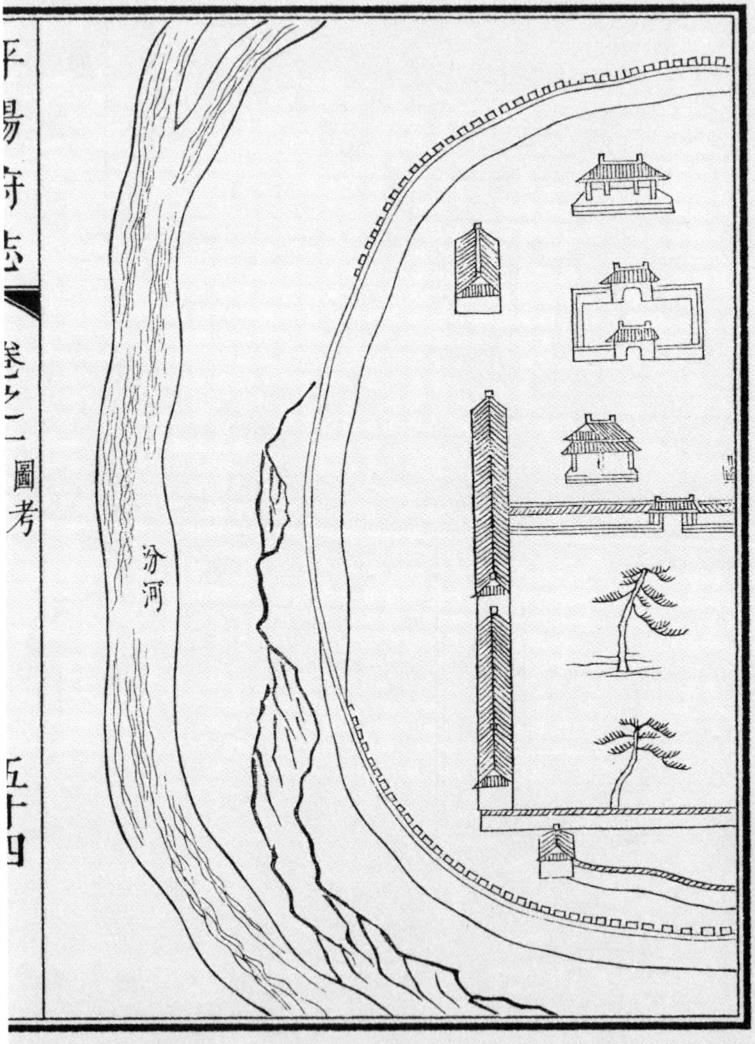
平陽府志
卷之一　圖考
五十四
汾河

虒祈宮

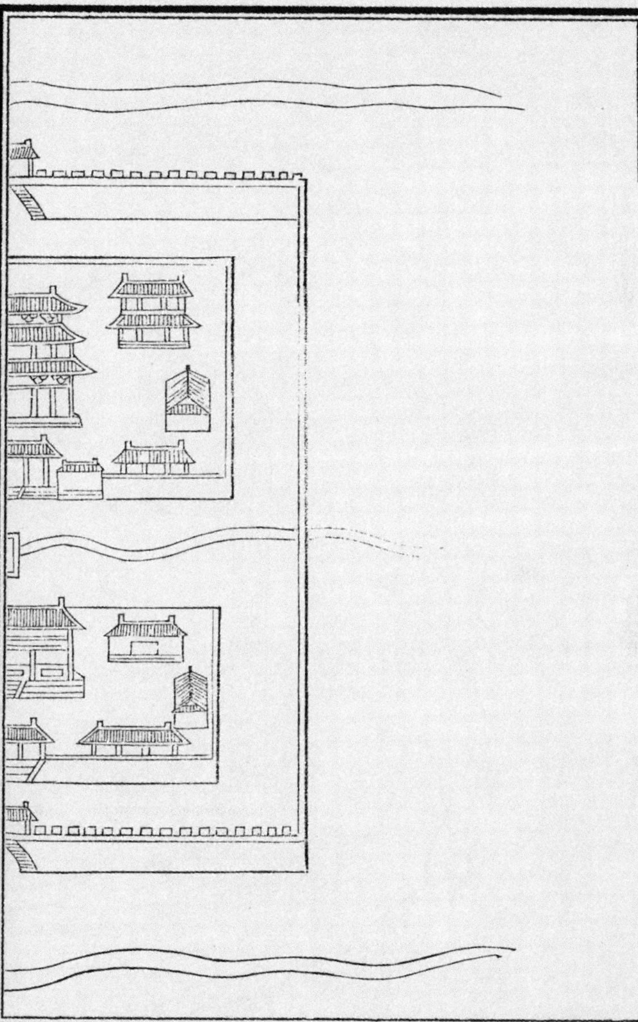

平陽府志　卷之一　圖考　五十五

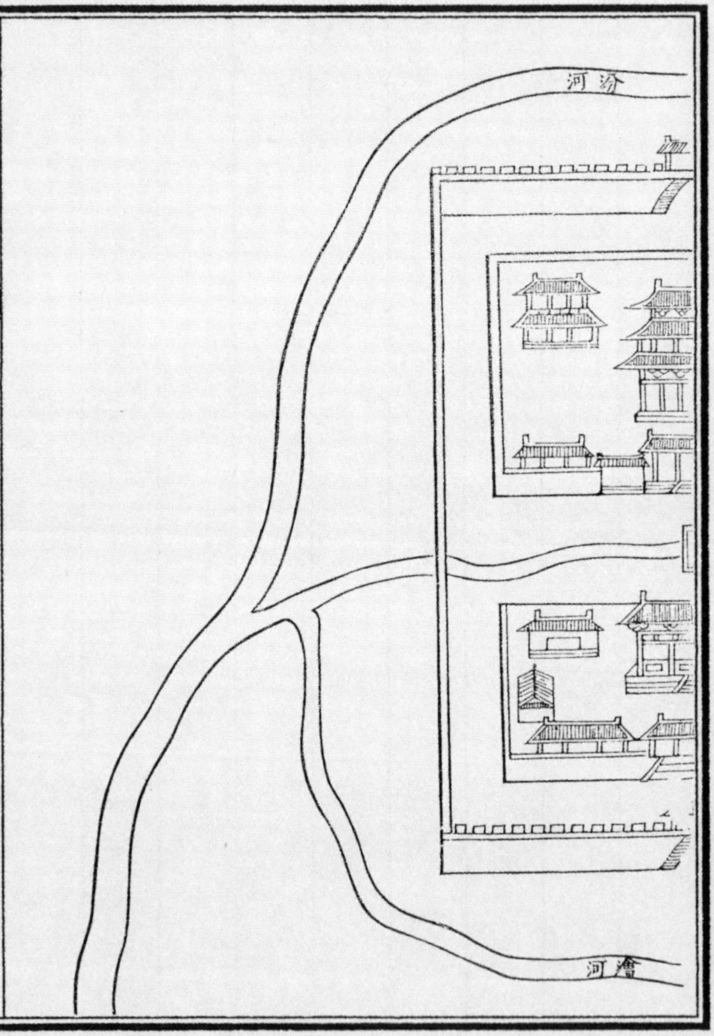

平陽府志卷之二

星野

周禮保章氏以星土辨九州皆有分野以察妖祥漢人所謂陰陽之精其本在地上發於天理固宜然然亦未必尺寸求合況數千年來方域非舊星度亦不無小差執古求今安能盡當實沈主魏而今之平陽僅當古魏之半是以平繫實沈則可以平盡實沈之分則不可而欲於一郡之中分別州邑覈其度數抑又難已謹採左氏以下頗可信者作星野志

周禮保章氏實沈晉也　左傳鄭公孫僑對叔向曰遷實沈於大夏主參唐人是因以服事夏商及武王滅唐而封大叔焉故參爲晉星由是觀之則實沈參神也　國語董因對晉文公曰實沈之虛晉人是居所以興也

帝皇世紀自畢十二度至東井十五度實沈之次今晉魏分野　春秋緯文耀鉤太行以東至碣石王屋砥柱冀州屬樞星　漢志魏地觜觽參之分野　後漢郡國志註自畢十二度至東井十五度實沈之次於辰在申謂之涒灘於律爲中呂斗建在巳今晉魏分野　晉天

文志魏郡入昴一度河東入張一度　唐書天文志觜觿參伐實沈也初畢十度餘八百四十一杪四之一中參七度終東井十一度得漢之河東及古晉魏地　星紀魏地畢觜參　寰宇志平陽觜參之次　圖書編平陽觜參分野　明列郡分野平陽府古冀州觜參分野

右按觜參實沈之次于辰在申于州爲益晉魏冀并之域不曰冀并而曰益州何也春秋元命苞云參伐流爲益州益之爲言阨也言其所在之地險阨曳一曰疆壤益大故以名焉非今之西蜀益州也　晉魏之分也而井宿附入焉晉語曰實沈之虛晉人是居晉天文志曰自畢十二度至井十五度

爲實沈魏分野唐天文志曰觜觿參伐實沈也初畢十度餘八百四十一抄四之一中參七度終東井十一度天原發微曰畢十二度至井十五辰申曰涒灘律中呂斗巳晉魏分費直周易說曰起畢九度蔡邕月令章句曰起畢六度金史曰畢七度九十六分杪外入晉外實沈之次雖度數起終稍有不同而實沈之爲晉魏其占爲參井則無不同也據山河以考之自漢之河東及上黨太原盡西河之地古晉魏虞唐耿楊霍冀黎郇與西河戎狄之國皆其野也河東永樂芮城河北縣及河曲

豐勝夏州皆東井之分參代爲戎索爲武政當河東盡大夏之墟上黨次居下流與趙魏接爲觜觿之分然晉志又稱東井輿鬼秦雍州分下列雲中入東井一度定襄入東井八度鴈門入東井十二度代郡入東井二十八度太原入東井二十九度上黨入輿鬼二度而秦地不與焉夫井鬼秦分不應全主乎冀域而參實晉星乃遺而不道且雲中諸郡爲趙近邊漢史占月暈曰參爲趙畢爲邊兵今縱不以屬昴畢又不及參而專曰井鬼可乎及觀唐虞書謂西河之濱所以設險限秦晉故其

地上應天闕其南曲之陰在晉地衆山之陽南曲之陽在秦地衆山之陰陰陽之氣并故與東井通况晉秦俱爲西方相屬附入似亦未爲盡誣者彼求其説而不得乃謂魏徙大梁則西河合於東井秦拔宜陽而上黨入於輿鬼是又穿鑿附會不通之論者也然晉自文公後十六世韓趙魏自立號爲三晉今分野昴畢爲趙分觜參爲晉魏分乃獨遺韓何也考之分野十二次盖星家錯舉諸國界域而分配之耳及相侵伐犬牙深入如上黨本韓之别都遠韓近趙後卒降趙則爲趙地而其分

野又屬參井爲魏分焉夫謂參井爲魏分者非專以魏地言之也言魏則韓舉之矣又自軫十二度至氐四度壽星之次晉書以爲鄭分野天原發微以爲韓分野考鄭自武公後二十三世爲韓所滅而韓都於新鄭豈所謂鄭之分野即韓之墟乎史記曰韓地角亢氐之分野韓分晉得南陽郡及潁川之父城定陵襄城潁陽潁陰長社陽翟郟東接汝南西接弘農得新安宜陽鄭今河南之新鄭及成皋滎陽潁川之崇高城陽則韓地在河南即鄭分亦有可證不誣者以此而觀三晉之地最廣

不可以山西限也亦明矣

容齋洪氏隨筆曰晋天文志謂自畢至東井爲實沈於辰在申魏之分野屬益州且魏分晋地得河内河東於益州了不相干謬亂如此而出於李淳風之手豈非蔽於天而不知地乎

衛既齊曰陸子淵嘗言分野之說難據謂以天之一度當地之二千九百餘里則蓋載之形欵今按晋分觜參秦益之分井鬼歷有成說或以觜參屬益州是益與冀同一分野抑何地濶而天狹耶至柳星張三河周分也

而謂河東入張一度則又疑其以晉地爲鶉火之次而古州鳩董因等所占驗將何以準焉州鳩曰晉主即位歲在實沈董因曰實沈之墟晉人是居茲故摭採史傳取其相傳久而有明徵者以河東實沈之次爲正

平陽府志卷之三

建置沿革

平陽隸古冀州自禹奠九州以至於今未之有改也秦漢以來爲國爲郡爲鎭爲州爲府爲道爲軍爲路徙割既殊稱名亦異然圖籍猶存可考而見至若秦漢而上歷年久遠傳紀泯棼自皇甫謐巳不能決三亳之處以爲古書盡滅不可爲據況今之距晋又千餘歲乎諸如堯之始封絳之新故必歸一是恐難徵信存而不論是亦傳疑之一道也作建置沿革志

府

文獻通考晉州古堯舜之都所謂平陽也春秋時屬晉戰國屬魏秦爲河東郡地二漢因之魏分置平陽郡晉因之劉淵稱漢僭位建都于此後魏爲平陽郡兼置唐州後改爲晉州置總管府東魏北齊皆爲重鎮隋初改平陽爲平河郡尋廢煬帝初置臨汾郡唐爲晉州或爲平陽郡屬河東道領縣九臨汾洪洞神山汾西襄陵岳陽趙城霍邑冀氏梁爲定昌軍節度後唐改建雄軍宋太平興國六年廢沁州以和川來屬

爲建雄軍節度政和六年陞爲平陽府靖康後入于
金金隸河東南路領縣十治臨汾洪洞襄陵神山霍
邑趙城汾西冀氏岳陽和川　絳州春秋時爲晉國
即故絳　新田之都也戰國時地屬魏秦屬河東郡
秦末其地屬魏豹漢定魏地還屬河東郡後漢因之
魏晋屬河東平陽二郡地後魏置東雍州西魏後周
以爲重鎮後周改曰絳州兼置正平郡隋初郡廢煬
帝初廢州復置絳郡唐爲絳州或爲絳郡屬河東道
領縣七後唐以河中府稷山來屬宋爲絳郡防禦領

縣七治正平曲沃太平翼城稷山絳垣　河中府唐虞所都蒲坂地春秋時地屬魏晋獻公滅魏以封大夫畢萬畢萬之後十代至文公列爲諸侯與韓趙三分晋地屬魏至惠王以安邑近秦乃徙都大梁秦爲河東郡歷兩漢不改魏晋亦然後魏以爲河東郡兼置雍州及屬秦州後周改爲蒲州亦兼置河東郡隋初郡廢煬帝初州廢復置河東郡唐初爲蒲州開元九年置中都改爲河中府尋罷如舊乾元元年復爲府爲河中節度屬河東道領縣八後漢以聞喜安邑

解三縣屬解州宋改護國軍節度大中祥符四年以寶鼎爲慶成軍又以府兼提舉解州慶成軍兵馬廵檢事屬陜西路建炎元年没于金金屬河東南路領縣八治河東桑泉猗氏安邑解虞鄉寶鼎永樂解州五代漢以河中府解縣爲州又以安邑聞喜二縣來屬宋爲防禦郡屬陜西永興軍路其地即夏桀鳴條之野有沃鹽之利建炎以來州民邵興力戰終不能守遂没于金金隸河東南路又割陜之平陸夏芮城三縣來隸領縣三治慶成軍本河中府寶鼎縣大

中祥符四年建爲軍軍隸河中府七年直屬京師領縣一滎河　慈州春秋時晉之屈邑禹貢壺口之山在焉戰國時爲魏地秦及二漢屬河東郡魏晉屬平陽郡東魏置定陽郡及南汾州北齊改南汾爲西汾州隋初郡廢置耿州後復爲汾州煬帝初州廢置文成郡唐爲慈州或爲文成郡屬河東道領縣五吉昌吉寧呂鄉文城仵城周廢仵城呂鄉二縣宋爲團練州熙寧五年廢州以吉鄉隸隰州即縣治置吉鄉軍使仍省文成爲鎮隸焉又以鄉寧隸晉州襄陵縣元

祐元年復吉鄉軍爲慈州靖康後入于金金爲耿州尋又改爲吉州領縣三治吉鄉文成鄉寧　隰州春秋時晉之蒲城也七國時屬魏秦二漢爲河東郡地魏晉屬平陽郡後魏北齊爲沁州後周置沁州及龍泉郡隋初郡廢後復置西汾州尋又改爲隰州煬帝初州廢置龍泉郡唐爲隰州或爲大寧郡屬河東道領縣六宋爲團練熙寧五年廢慈州以吉鄉縣隷州即縣治置吉鄉軍使仍省文成縣爲鎭隷焉元祐元年復慈州七年以州之上平永寧兩關倚逼西界以

州爲次邊靖康入于金金隸河東南路領縣六治隰
川蒲溫泉永和石樓大寧
按絳州河中府解州慈州隰州今俱隸平陽故詳
錄之以備稽考
續文獻通考晉寧路唐晉州金爲平陽府河東南路統
府二節鎮三防禦一刺郡六縣六十八鎮二十九關
六其平陽府天會六年升總管府置轉運司興定二
年以燹破降爲散府領臨汾襄陵洪洞趙城霍邑汾
西岳陽浮山和川冀氏十縣元初爲平陽路大德九

年以地震改晋宁路领司一县六府一州九府领六
县州领四十县本朝改平阳府领蒲解绛霍隰吉六
州临汾襄陵洪洞浮山赵城太平曲沃翼城蒲县岳
阳汾西临晋荣河猗氏万泉河津安邑夏县闻喜平
陆芮城稷山绛县垣曲灵石乡宁大宁石楼永和二
十九县
按今石楼割归汾州府
昔帝喾高辛氏封子放勋于唐晋世家曰唐在河汾之
东方百里括地志曰唐故城在绛州翼城县西二十里

故春秋稱翼高辛氏崩子摯立摯不能君弟放勛立是爲帝堯堯都平陽國號唐以其地在平水之陽故曰平陽翼絳曲沃皆其畿輔地也先是顓頊創置九州統萬國而堯因之平陽實冀州之域堯禪位於舜國號有虞都蒲坂在今蒲州以天下爲十二州平陽在幷之東仍爲冀州舜禪天下於禹禹都安邑在今夏縣安邑之間國號夏夏大也復置九州平陽仍爲冀湯伐夏都亳五世孫祖乙以河患遷都耿即今之河津縣去平陽二百六十里自唐虞夏商以來皆畿內地周初分天下爲九

畿至成王復九州之制屬職方氏平陽仍爲冀州自舜
受禪封堯子朱於丹陵封其裔子於唐使續堯後子孫
世守其國夏之世堯有苗裔劉累以豢龍事孔甲嗣以
醢龍懼罪去之魯縣在今汝州魯山一云在曲阜縣夏
后遂別封劉累之孫爲唐侯以奉堯祀翼夏墟也故曰
封在大夏之墟周成王時唐有亂周公滅之遂遷堯子
孫於杜在今定州唐縣故謂之杜唐氏而成王即以其
地封弟叔虞先是武王與叔虞母邑姜會夢天謂武王
曰余命女生子名虞余與之唐及生子文在其手曰虞

遂命之曰虞後剪桐果封於唐唐叔子燮因堯墟平水
又名晋水故改國曰晋晋一再傳成侯服人徙曲沃曲
沃古之桐鄉今之聞喜五世穆侯費生徙絳在今太平
絳州之間再傳至昭侯徙翼而封文侯弟成師於曲沃
號曰桓叔昭侯文侯子也故史記曰翼晋君都邑也曲
沃大於翼故國人爲之賦椒聊後晋大臣潘父弑其君
昭侯而迎桓叔晋人攻曲沃立昭侯子爲君是爲孝侯
桓叔子莊伯弑孝侯於翼晋人復攻曲沃立孝侯子郄
是爲鄂侯鄂侯卒莊伯伐晋周平王使虢公將兵伐曲

沃莊伯走保曲沃晉人立鄂侯子是爲哀侯莊伯子稱代莊伯立是爲曲沃桓公伐晉於汾旁虜哀侯後弑之又殺哀侯子小子侯周桓王使虢仲伐曲沃重同姓也武公入於曲沃乃立晉哀侯弟緡爲晉侯晉侯二十八年曲沃武公又伐晉侯緡滅之以寶器賂周釐王王封之爲晉君始列於諸侯亦都翼是爲武公武公子獻公以殺羣公子而徙都於絳故命士蔿城絳深其宮自獻而下歷惠懷文襄靈成傳至景公十五年乃遷新田在今曲沃絳縣之間其地南二里有澮水西十八里有汾

水故晉人謀去故絳韓獻子曰不如新田土厚水深居
之不疾有汾澮以流其惡於是以絳爲故絳而以新田
爲絳周靈王封其太子晉於太原名王子晉亦曰晉王
實非堯墟太原無翼無平水而晦庵朱子以叔虞封太
原誤也以曲沃絳縣爲故絳而以絳州爲新田者亦誤
也蓋晦庵當日以平陽越在金元未躬歷其地故考據
未確其註唐風曰在太行恒山之西太原太岳之野者
約畧之詞耳曲沃及絳在今絳州是已恒山去平陽千
有餘里太原去平陽六百里宣王詩曰薄伐玁狁至於

太原叔虞成王愛弟也必不以愛弟與獵狁爲隣且周公定封建規制之始大國地方不過百里既在太原矣晉侯又安能越七百餘里而徙絳徙曲沃乎孔子作春秋去古未遠太史公龍門人平陽爲父母之邦見自精確太原之無翼無澮無平水如闖人爭聃庵者之無新安紫陽也不待辨也夏封舜之後於蒲在今虞鄉故少康奔有虞虞思妻之以二姚而邑諸綸即今榮河縣至周封舜後於陳而封其同姓於韓於魏韓在今平陽魏在蒲解故稱魏風後俱滅於晉而獻公即以魏封畢萬

萬畢公高裔也韓之子孫亦事晉至景公時爲韓厥厥
之後貞子自州徙居平陽至哀公時爲韓康子周穆王
時封御夫造父於趙卽今趙城縣其後亦事晉寖大至
晉哀公時韓趙魏三家滅晉共分晉地今之平陽府城
乃晉大夫韓康子食邑也後魏都安邑取平陽地又屬
魏及秦始皇卽位分天下爲三十六郡改其地曰河東
郡楚漢間項藉立魏之後魏豹爲魏王王大梁嗣徙豹
爲西魏王王河東郡都安邑築平陽城卽今府城治也
至漢王二年豹降漢尋叛韓信擊魏虜豹盡收魏地漢

興分天下爲二十四郡而此地屬河東郡領二十四縣漢武分十三郡初置刺史析冀州之地爲冀幽并而此地仍領於冀郡三國魏始置平陽郡晉分冀州之地爲郡國二十九此地爲平陽河東二郡平陽領縣二十河東領縣九後劉淵據晉僭稱漢亦都平陽後魏復爲平陽郡兼置正平郡東雍州孝昌中改唐州建明初又改晉州置總管府州仍爲郡東魏北齊後周皆爲重鎮隋初改平河郡尋廢爲州大業初又分平陽之地爲臨汾龍泉西河河東文成絳六郡而臨汾郡即今之府治也

義寧初復改臨汾爲平陽郡唐武德初分晋絳蒲隰慈五州而晋州即今府治置總管府天寶初改平陽郡乾元初復爲晋州屬河東道五代梁開平中置定昌軍以節度使領之尋改建寧軍後唐同光初改建雄軍宋仍舊政和中陞爲平陽府金屬河東南路總管元初爲平陽路置錄事司大德中改爲晋寧路總管府明洪武二年復爲平陽府立中書省於太原以統之後改中書省爲山西布政使司平陽府隷焉領州六縣二十九臨汾襄陵洪洞浮山趙城太平岳陽曲沃翼城汾西蒲縣凡

十一縣直屬本府臨晋猗氏榮河萬泉河津五縣屬蒲州安邑夏縣聞喜平陸芮城五縣屬解州稷山絳縣垣曲三縣屬絳州靈石一縣屬霍州鄉寧一縣屬吉州石樓大寧永和三縣屬隰州萬曆二十三年因陞汾州爲府割靈石縣屬焉萬曆四十二年又以石樓縣屬汾州易靈石隸府領州六縣二十八

皇清因之此平陽古今建置之始末也舊志通志相沿久誤故於唐封特加詳考焉

臨汾縣

古唐堯都 周春秋時韓康子食邑後屬魏 漢置平陽縣屬河東郡 三國魏置平陽郡縣屬焉 晉因之 南北朝魏兼置唐州於此又改晉州 隋置平河郡改縣亦曰平河後郡罷以縣屬晉州尋改縣曰臨汾大業初州廢置臨汾郡縣仍屬焉 唐分置西河縣尋省入臨汾屬晉州 五代皆因之 宋改晉州為平陽府 金屬河東南路 元改為平陽路總管府縣俱附郭 明為平陽府附郭

皇清因之編戶舊一百五十一里今六十七里

襄陵縣

周晉大夫郤犨食邑以晉襄公趙襄子俱葬於此因名 漢始置襄陵縣屬河東郡王莽改為幹昌 後漢復舊 三國魏屬平陽郡 南北朝魏析置擒昌縣北齊移擒昌治此 隋置晉州縣在封邑復改襄陵縣 唐徙治汾水西之宿水店隸絳州後改隸河中府尋復隸晉州 五代晉初屬絳州改

爲河中府宋移治晉橋店即今治屬晉州金屬平陽府元仍爲襄陵縣舊明隸平陽府

皇清因之編戶舊七十二里今二十九里

洪洞縣

周春秋時楊侯國晉滅之以賜大夫羊舌肸秦屬河東郡漢置楊縣屬晉州三國魏晉俱屬平陽郡南北朝魏改屬永安郡隋屬臨汾郡後改洪洞縣因縣北有洪洞鎮云唐析洪洞臨汾置河西縣隸晉州宋以趙城縣省入尋復分置至和六年陞晉州爲平陽府縣屬焉金元皆仍舊明仍爲洪洞縣隸平陽府

皇清因之編戶舊八十九里今四十六里

浮山縣

虞丹朱食邑　周春秋時屬晉戰國屬魏　秦屬河東郡　漢三國魏　晉屬平陽郡後劉聰以其地入襄陵縣　南北朝魏別置葛城縣併襄陵入擒昌後復周取故葛城爲郭城縣隸晉州　隋入襄陵縣　唐武德二年析置浮山縣屬晉州尋改神山縣　五代唐自郭城移今治　宋因之　金復爲浮山縣屬平陽府　元隸晉寧路　明仍爲浮山縣隸平陽府

皇清因之編戶舊十八里今八里

趙城縣

周穆王封造父之地春秋時趙簡子居之　秦屬河東郡　漢爲河東郡彘縣地　隋爲霍邑縣地後始分置趙城縣屬霍山郡　唐初屬呂州後屬晉州麟德元年徙治縣西南三十里卽今治　宋省入洪洞縣尋復置政和中陞慶祚軍　金復爲趙城縣屬平陽府　元割屬霍州　明洪武三年改爲趙城縣隸

平陽府

皇清因之編戶舊三十七里今一十五里

太平縣

漢河東郡臨汾縣地　南北朝魏始置太平縣因在太平故關城云屬平陽郡後周避諱改曰大平　隋初屬晉州尋徙置關東北屬絳州　唐貞觀間復徙敬德堡中即今治仍屬絳州　五代宋金元皆仍舊　明仍爲太平縣隸平陽府

皇清因之編戶舊五十四里今二十七里

岳陽縣

漢上黨郡穀遠縣地　南北朝魏置安澤縣屬義寧郡　隋屬沁州大業初改岳陽縣以在霍岳

之南云屬臨汾郡唐屬晉州移治東池堡尋徙今治宋金俱屬平陽府元省冀氏和川二縣入本縣及和川併入冀氏爲上仍爲岳陽縣黨地後廢冀氏復立岳陽縣明隸平陽府

皇清因之編户舊一十八里今七里

曲沃縣

周晉新田地後屬魏漢爲河東郡絳縣地東漢加一邑字爲絳邑縣晉改晉邑縣屬平陽郡南北朝魏置曲沃縣屬正平郡後周移治樂昌堡隋屬絳州移治絳邑故城北即今治唐屬河東道宋屬平陽郡金屬河東南路元初屬平陽路大德中改屬晉寧路明爲曲沃縣隸平陽府

皇清因之編户舊六十八里今三十六里

翼城縣

古堯始封國虞封堯子於此夏商因之周唐亂周公滅之成王封弟叔虞於此是爲唐叔唐叔子燮因平水又名晉水改國曰晉春秋時成師孫武公滅晉爲諸侯亦都此後韓趙魏三卿分晉地屬魏

漢爲絳縣屬河東郡周勃封此史記云食邑八千一百八十戶蓋一邑實三邑今翼城曲沃絳縣皆是也

三國魏晉屬平陽郡南北朝魏置北絳郡及北絳縣隋初郡廢爲晉州尋改翼城縣因縣東有古翼城云屬絳州義寧初別置翼城郡縣屬焉唐初郡廢置澮州後州廢復爲翼城縣屬絳州天佑二年復名澮州五代唐徙治王逢寨即今治宋復改爲翼城縣金改翼州又置隆化縣隸焉元爲翼城縣屬絳州明爲翼城縣隸平陽府

皇清因之編戶舊八十四里今二十里

汾西縣

漢彘縣地屬河東郡東漢為永安縣晉屬平陽郡南北朝魏置臨汾縣及汾西郡隋初郡廢改縣汾西屬汾州大業初屬臨汾郡義寧初屬霍山郡唐初屬霍山郡後屬呂州復改屬晉州開元後徙縣治於厚義村仍為汾西宋歸復舊治隸建雄軍節度金屬平陽府元屬晉寧路明仍舊名隸平陽府

皇清因之編戶舊一十五里今六里

靈石縣

漢太原郡介休縣地隋開皇中巡幸傍汾水開道至此得瑞石有文曰大道永吉因置靈石縣屬介州義寧初屬霍山郡唐初屬呂州貞觀中州罷以縣屬汾州宋金仍舊元屬霍州明為靈石縣屬霍州萬曆二十三年改汾州為府割靈石縣屬焉四十二年又以石樓改隸汾州府靈石改隸平陽府

皇清因之編戶舊二十五里今五里

蒲縣

上古蒲衣春秋時爲晉之蒲子國周城公子重耳守此漢爲河東郡蒲子縣地南北朝魏置石城縣後周置石城郡周末郡廢仍置蒲子縣隋以蒲子移治縣東北故箕城龍泉移今治置昌州後州大業初移治新城改蒲縣屬郡唐廢仍爲蒲縣屬隰州宋金之元因省入隰州縣尋割屬晉明洪武二年改爲寧路復置屬隰州後蒲縣屬平陽府

皇清因之編戶舊九里今三里

按韋昭註蒲邊秦曰蒲今蒲坂杜預註曰蒲今平陽府蒲子縣未知孰是然蒲坂實臨河即秦境蒲縣去秦尚遠杜預之註似誤屈今石樓縣隣延安延安古翟國所謂屈邊翟也

蒲州

古蒲坂虞舜所都周初爲同姓魏芮之地後屬晉戰國時屬魏秦爲河東郡漢爲蒲坂縣地三國魏分置平陽郡晉因之南北朝魏爲河東郡兼置雍州孝武西遷改秦州後周改蒲州亦兼置河東郡隋初郡廢州存大業初改河東郡治河東縣唐罷郡置蒲州屬河東道尋置總管府開元中改河中府陞中都尋罷都復爲蒲州天寶初改河東郡乾元初仍爲蒲州尋改河中府五代梁置護國軍節度宋仍舊屬陝西路金爲蒲州天德初復爲河中府屬河東南路元因之明洪武三年復爲蒲州以河東縣省入領縣五隸平陽府置千戶所守禦

皇清因之編戶舊八十七里今四十八里

臨晉縣

周春秋時晉桑泉地秦築壘以臨晉地因名臨晉漢爲河東郡解縣地南北朝魏改北解縣後周改綏化縣隋置桑泉縣屬蒲州唐析置溫泉縣尋省入桑泉天寶中復名臨晉屬河中府五代宋金皆仍舊元以虞鄉縣省入明爲臨晉縣隸平陽府蒲州

皇清因之編戶舊六十三里今仍舊

滎河縣

古綸地爲夏后少康邑周戰國時爲魏汾陰地漢置汾陰縣屬河東郡晉時劉淵省入蒲坂縣南北朝魏復置屬汾陰縣隋屬河東郡唐初屬秦州改屬蒲州開元中改寶鼎縣宋真宗祀汾陰有滎光溢河之瑞改曰滎河縣置慶成軍尋廢軍以縣屬河中府金置滎州元仍爲滎河縣明爲滎河縣隸平陽府蒲州

皇清因之編戶舊三十八里今一十三里

猗氏縣

周爲文王子郇伯國春秋時晉令狐地戰國時屬魏 漢置猗氏縣因猗頓居此云屬河東郡 三國魏晉皆因之 南北朝魏爲桑泉後周復爲猗氏縣屬汾陰郡 隋屬蒲州自故城徙今治 唐屬河中府 宋金仍舊 元以萬泉縣併入後復分置 明爲猗氏縣隸平陽府蒲州

皇清因之編戶舊五十一里今二十七坊里

萬泉縣

漢河東郡汾陰縣地 南北朝魏移治后土城後移治薛通城 隋屬河東郡 唐武德中即薛通故城置萬泉縣因縣東谷中多泉故名屬泰州貞觀初州廢以縣屬絳州大順二年改屬河中府 宋金

因省入猗氏爲萬泉縣隸之元縣後復置明平陽府蒲州

皇清因之編戶舊四十里今十一里

河津縣

古耿國殷王祖乙所都周春秋時晉大夫趙夙采邑秦置皮氏縣漢屬河東郡王莽更曰延平東漢復名皮氏三國魏晉俱屬平陽郡南北朝魏爲龍門縣及置龍門郡隋郡廢以縣屬絳州後割屬蒲州唐置泰州縣屬焉貞觀中復屬絳州元和初屬河中府宋宣和初改河津縣金屬榮州後復屬河中府元以舊縣圯於河水徙治西北一里即今治明爲河津縣隸平陽府蒲州

皇清因之編戶舊三十八里今一十八里

解州

虞舜畿內地 周魏國地晉滅之以封畢萬名解梁城後屬魏 秦爲河東郡 漢爲解縣屬河東郡
南北朝魏析治安定縣西魏改南解縣屬綏化郡 隋改虞鄉縣屬蒲州 唐改虞鄉曰解縣屬虞州別置虞鄉縣於蒲州界貞觀初省入虞鄉後復置屬河中府 五代漢置解州治解縣 宋爲防禦屬河東路後改屬陝西路 金於州置解梁軍後改寶昌軍節度使屬河東南路 元仍爲解州隸晉寧路總管府 明以解縣省入州改解州隸平陽府領縣五
皇清因之編戶舊三十二里今十二里又四鹽里

安邑縣

夏禹營安邑即此地 周春秋時屬晉戰國時屬魏 秦爲安邑縣河東郡治此 漢因之 南北朝元魏神䴥初分安邑東之地立夏縣 隋置虞州大業初屬河東郡後改置安邑郡 唐武德初改虞州

尋改虞邑縣屬陝州大曆中復名安邑縣屬河中府五代漢割安邑屬解州宋金元仍舊明仍爲安邑縣隷平陽府解州

皇清因之編戶舊九十五里今四十一里

夏縣

夏禹所都之地周畢公高封於此春秋時晉獻公滅之封大夫畢萬至威烈王二十三年韓趙魏三分晉地魏斯爲諸侯地屬魏秦爲河東郡漢爲安邑縣境南北朝魏太和中別置南安邑縣始置夏縣以禹舊都名隋屬河東郡唐初屬虞州後屬絳州五代漢改屬陝州宋仍舊金元屬解州明仍爲夏縣隷平陽府解州

皇清因之編戶舊六十六里今二十四坊里

聞喜縣

商相傳爲桐宮即伊尹放太甲之地周曲沃即昭侯封文侯弟成師之地東三十里爲周陽侯城秦桐鄉屬河東郡又於西立左邑以安邑在右故名漢武帝將幸緱氏至左邑之桐鄉聞破南粵改曰聞喜王莽改曰洮亭東漢廢左邑移治聞喜南北朝魏屬正平郡後周移治栢壁隋屬絳州尋移治甘谷唐復徙治桐鄉故城名聞喜五代漢割屬解州宋金元仍舊明仍爲聞喜縣隸平陽府解州

皇清因之編戶舊六十六里併爲四十四里今二十四坊里又有四鹽里

平陸縣

古虞國周封仲雍支庶仲章於此是爲虞仲春秋時屬晉戰國時屬魏爲吳城秦爲河東郡地漢

爲大陽縣地　東漢置河北縣　南北朝北魏置河北郡　隋初罷郡以縣屬蒲州　唐貞觀初改屬陝州天寶初因開漕瀆得古刃有篆文曰平陸遂改平陸縣　宋屬陝州　金割屬解州　元併入芮城後復分置　明爲平陸縣屬平陽府解州

皇清因之編戶舊五十五里今八里又二鹽里

芮城縣

古芮國　周封同姓於此是爲芮伯後爲魏國地　秦爲河東郡　漢置河北縣　南北朝魏移郡於大陽後周始置芮城縣後改曰長樂尋併入永樂縣置永樂郡　隋省郡以縣屬蒲州　唐改芮州貞觀初州廢以縣屬陝州　宋仍名芮城縣屬陝州　金割屬解州　元至元間併平陸縣入焉元貞初復分置仍舊屬　明爲芮城縣隸平陽府解州

皇清因之編戶舊四十四里今十里

絳州

唐虞畿內地周絳地晉穆侯費生遷此界在太平之交至昭侯徙翼後武公并晉又都翼獻公復遷絳故令士蔿城之至景公十五年徙新田以新田爲絳而以絳爲故絳後三卿分晉絳爲魏地秦屬河東郡秦末魏豹盡有其地漢爲河東郡臨汾縣地三國魏晉屬平陽河東二郡南北朝魏置正平郡兼置東雍州後周改爲絳州累徙治於稷山之玉壁隋初郡廢徙州治東雍州即今治大業初改絳郡治正平郡唐復爲絳州置總管府屬河東道宋因之置防禦金置絳陽軍節度使後改晉安府又置宣撫司元復爲絳州隸平陽路總管府大德中改平陽爲晉寧路州屬焉明以正平縣省入改爲絳州領縣三隸平陽府

皇清因之編戶舊五十二里今三十坊里

稷山縣

周春秋時爲高梁邑晉侯治兵于稷卽此戰國時屬魏秦屬河東郡秦末屬魏豹漢爲河東郡聞喜縣地南北朝元魏置東雍州移治柘壁西魏置高梁復縣屬龍門郡後周移治玉壁尋改勳州隋置高梁縣屬絳州尋還置汾水之北卽今治改曰稷山縣唐改稷山縣屬河中府尋屬絳州宋金元皆仍舊明爲稷山縣隸平陽府絳州

皇清因之編戶舊七十三里今一十九里

絳縣

唐虞畿內地夏商爲甸服周春秋時晉新田地景公十五年自絳遷新田卽此其地在曲沃

絳縣之間及三卿分晉絳屬魏地秦屬河東郡漢爲絳縣屬河東郡併曲沃翼城地入絳爲周勃食邑東漢加邑字爲絳邑縣三國屬魏晉屬平陽郡南北朝魏置南絳縣及南絳郡移治車箱城後周罷郡爲絳縣隋改爲絳州後州廢復爲絳縣唐自車箱徙今治屬澮州後州廢仍屬絳州宋金因之元以垣曲併入後復析置仍舊明爲絳縣隸平陽府絳州

皇清因之編戶舊四十里今三十里

垣曲縣

周周召分陝之處春秋時齊侯伐晉取朝歌入孟門登太行張武軍於熒庭戍郫邵此其地也漢爲河東郡垣縣地南北朝魏置邵郡及白水縣西魏改郡置州後周兼置邵州改縣曰亳城隋廢州改垣縣屬絳郡義寧初置邵原郡唐改爲邵州貞觀初州罷以縣屬絳州宋改爲垣曲縣隸絳州金

仍併入絳縣明為垣曲縣隸
舊元尋復置平陽府絳州

皇清因之編戶舊二十七里今五里

霍州

禹貢岳陽即此地周彘地厲王奔此春秋時晉封大夫呂氏於此戰國屬韓後屬趙秦為河東郡
漢為彘縣屬河東郡東漢改為永安縣三國魏晉俱屬平陽郡南北朝魏初省後復兼置永安郡兩徙治趙城復還今治隋初罷郡置汾州又改呂州并改縣曰霍邑大業初州罷以縣屬臨汾郡義寧初置霍山郡唐罷郡復置呂州貞觀中州罷以縣復屬晉州宋屬平陽府金陞霍州置霍邑縣附郭元因之明以霍邑省入改霍州隸平陽府

皇清因之編戶舊三十里今五里

吉州

周春秋時晉屈邑獻公子夷吾所居戰國時屬魏　漢為北屈縣屬河東郡　三國魏屬平陽郡　晉仍舊　南北朝魏置定陽郡及定陽縣東魏置南汾州北齊改西汾州後周改汾州　隋開皇初改吉陽郡後罷郡為吉昌縣又改耿州大業初置文成郡　唐初為西汾州尋改南汾州治吉昌後改慈州　宋熙寧中罷州以縣屬隰州尋置吉鄉軍復置慈州　金初為耿州尋改為吉州　元仍舊以吉鄉縣省入

明為吉州隸平陽府領縣一

皇清因之編戶舊二十四里今七里

鄉寧縣

周春秋時屬晉唐叔虞之子燮傳十二世晉人立孝侯子郄為鄂侯因曲沃伐晉始居此名鄂城後仍都翼

戰國屬韓後屬趙 漢為河東郡臨汾縣地 南北朝魏析置太平縣又分太平置昌寧縣屬定陽郡 隋累改州郡後以縣屬文成郡 唐三改州後屬慈州 五代唐改鄉寧縣 宋元祐間以呂鄉縣併入 金仍舊 元初省入吉州復置隸吉州屬晉寧路 明為鄉寧縣隸平陽府吉州

皇清因之編戶舊一十六里今六里

隰州

周春秋時晉蒲城地戰國時屬魏為西河地 秦屬河東郡 漢為河東郡蒲子縣 晉為劉淵所據後置大昌郡轄之 南北朝魏改長壽縣屬仵城郡太和間置南汾州後周置龍泉郡 隋初郡廢復置西汾州尋改為隰州總管府又改縣曰隰川大業初復為龍泉郡 唐初復為隰州後改大寧郡乾元初仍為隰州屬河東道 宋因之置團練使劃溫泉縣屬吉州 金改南隰州後去南字仍舊名 元隸晉寧路

至正間以隰川縣省入尋復置明洪武二年併隰川縣省入爲隰州隸平陽府領縣三萬曆四十二年改石樓屬汾州府領縣二

皇清因之編戶舊三十一里今一十里

大寧縣

周春秋屬晉爲采桑地是爲北屈戰國屬魏秦屬河東郡漢爲北屈縣屬河東郡晉屬平陽郡南北朝魏置仵城縣尋廢又置仵城郡改北屈縣爲仵城後周改爲大寧縣隋省入仵城郡唐復置大寧縣以仵城郡爲中州縣屬焉貞觀初州罷以縣屬隰州宋金仍舊元初省入隰川縣後復置屬隰州明仍爲大寧縣隸平陽府隰州

皇清因之編戶舊十里今三里

永和縣

漢河東郡狐讘縣地 三國魏始析置永和縣以西南有永和關云 晉屬平陽郡 南北朝魏廢北齊於狐讘城置臨河郡臨河縣 隋初罷郡爲臨河縣後改曰永和屬石州又屬龍泉郡 唐改永和州尋改北樓縣隸隰州貞觀初改樓山縣尋復爲永和縣後移治仙芝之谷卽今治天寶初改大寧郡乾元初復爲永和縣隸隰州 宋金元皆仍舊 明仍爲永和縣隸平陽府隰州

皇清因之編户舊一十一里今二里

河東運司

周爲郇城地 漢爲河東郡 隋大業初虞州地屬河中府後改安邑郡 唐改虞州爲虞邑縣屬陝州後復名安邑屬河中府晉州 宋屬河東路後改屬陝西路 金改寶昌軍又爲豐寶興寶二軍 元屬晉

寧置都轉　爲河東
運鹽使司　明鹽運司

皇清因之

平陽府志卷之四

疆域

古者建國君民畫疆而理專職守防侵越也繡壤相錯犬牙相入大抵各因其地形之便使有所依以爲固自秦以來罷侯置守地則猶是也平陽於晋爲大郡幅員之廣兼古百里之國者五六境土延袤河山險阻按籍可知至於平政以綏民控險以奠宇則守土者事也作

疆域志

府

東至澤州沁水縣界一百五十五里南至平陸縣黃河岸三百六十五里西至吉州黃河岸烏仁關三百一十里北至汾州孝義縣三百二十里廣四百六十五里袤六百八十五里自府治六百里至省城一千八百里至

京師

正東到澤州沁水縣地界正西到陝西黃河地界正南到河南黃河地界正北到汾州府介休縣地界東南到河南懷慶府地界東北到潞安府長子縣地界西南到陝西朝邑縣地界西北到汾州府石樓縣地界

形勝

被山帶河天下要地（三國志杜畿傳）太行掎之首陽起之黃河迤之大陸靡之（柳宗元晉問）東距太行西界黃河南接梁宋北連大鹵有表裏山河之固（平陽志）聖賢之淵藪帝王之寶地天地之所會陰陽之所交（盧毓冀州論）背岡面嶺被山帶河北接汾晉西連同華負關陝阻大河水陸形勢天下要地（輿圖備考）

臨汾縣（附郭）

東至浮山縣韓村界五十五里南至襄陵縣下靳村界

二十八里西至蒲縣張村界九十里北至洪洞縣天井村界二十五里廣一百四十五里袤五十三里

形勝

東峙浮山西盤姑射汾河襟帶平澇瀠洄誠三晉之要衝爲一方之重鎮

襄陵縣

東至浮山縣高村界六十里南至太平縣故城界三十八里西至鄉寧縣水泉槽界一十五里北至臨汾縣北陳村界二里廣七十五里袤四十里自縣治東北至府

城三十里到省城六百三十里

形勝

左障汾流右憑姑射前收晉絳之雄後擁洪霍之固村墟鱗次土沃風饒

洪洞縣

東至岳陽縣偏村店界三十五里南至臨汾縣韓村界三十里西至蒲縣分水嶺界五十里北至趙城縣成公村界一十五里廣八十五里袤四十五里自縣治南至府城六十里北到省城五百五十里

形勝

東峙箕山西環舜嶺南連姑射北拱霍峯

浮山縣

東至沁水縣賀家嶺界七十五里南至翼城縣南朱村界四十里西至臨汾縣官雀村界二十五里北至岳陽縣東池村界四十里廣一百里袤八十里自縣治西至府城七十里北到省城六百五十里

形勝

龍角峙於前黑水遶於後中條環其左浮山列其右山

川阻深林木蓊欝

趙城縣

東至岳陽縣馬家莊界六十里南至洪洞縣苗村界二十五里西至蒲縣上下本村界六十里北至霍州辛置鎮界二十五里廣一百二十里袤五十里自縣治南至府城九十里北到省城五百一十五里

形勝

霍岳鎮其東汾水潆其西原隰陂陁氣象完固

太平縣

東至曲沃縣蒙城驛界四十里南至絳州義泉村界三十里西至鄉寧縣濺堆村界一十五里北至襄陵縣故關鎮二十五里廣五十五里袤五十五里自縣治東北至府城九十里北至省城六百九十里

形勝

左帶河汾右隣姑射前襟岡阜後接巖關晋國舊疆河東勝地

岳陽縣

東至屯留縣良馬村界一百五十里南至浮山縣楊村

河界七十里西至趙城縣馬家庄溝界一十五里北至
沁源縣楊子村界一百里廣一百里袤一百四十里自
縣治西南至府城一百一十里北至省城五百六十里

形勝

地居萬山之中倚太行枕霍岳澗河瀠繞有險可恃

曲沃縣

東至翼城縣樊店村界二十五里南至絳縣步坑村界
三十里西至絳州狄庄界四十里北至太平縣豫讓橋
界四十里廣六十五里袤七十里自縣治北至府城一

百二十里至省城七百二十里

形勝

前憑紫岫後壓喬峯澮水横襟汾流引帶

翼城縣

東至沁水縣東烏嶺界六十里南至絳縣陳景村界二十里西至曲沃縣秦岡村界二十五里北至浮山縣北朱村界三十里廣八十五里袤五十里自縣治西北至府城一百三十里北至省城七百二十里

形勝

原隰紆廻河山表裏翔臯覆釜屹若崇墉

汾西縣

東至霍州馬嶺界二十五里南至蒲縣公峪鎮界八十五里西至隰州風吹嶺界七十里北至靈石縣南關鎮界三十五里廣九十五里袤一百二十里自縣治南至府城一百八十里東北至省城四百五十里

形勝

深壑峻嶺斷壁巉崖雖無關隘而天險足憑後爲汾晋之屛垣前作郡城之藩籬

靈石縣

東至沁源縣界一百六十里南至霍州白道村界五十五里西至隰州界一百里北至介休縣義棠鎮界五十五里廣二百六十里袤一百里自縣治南至府城二百四十里北至省城三百六十里

形勝

南有郭家溝之天險北有靈石口之巖關汾水襟流綿山拱峙扼塞咽喉南北闔輿

蒲縣

東至本縣黑龍關界六十里南至吉州放馬嶺界四十五里西至隰州張村界五十里北至汾西縣安生村界八十里廣一百一十里袤一百三十里自縣治東至府城一百五十里北至省城七百五十里

形勝

南北山環東西川繞崇岡錯列曲徑紆廻

蒲州

東至臨晋縣高望村界四十里南至潼關黄河岸六十里西至朝邑縣黄河西岸一里北至臨晋縣姚庄界五

十里廣四十一里袤一百一十里自州治東北至府城四百四十里至省城一千五十里

形勝

黃河北來太華南倚總水陸之形勢壯關河之氣色唐元載中都議全晉列藩三河外屏條山峙其左紫源居其右前瞻巨嶽却眺隆脽唐虞之所與神祇之攸舘宋王欽若西阻大河東倚太行潼關在其南龍門在其北舊志

臨晉縣

東至猗氏縣下任村界二十里南至中條山横嶺九十

里西至黄河岸四十里北至榮河縣王顯村界四十里
廣六十里袤一百三十里自縣治西南至蒲州七十里
東北至府城三百六十里至省城九百五十里

形勝

中條峙於前峨眉拱於後東連涑水西距黄河

榮河縣

東至猗氏縣張宜村界四十里南至臨晉縣潘西村界
三十五里西至黄河岸九十步北至河津縣雙營鎮界
五十里廣四十五里袤八十五里自縣治南至蒲州一

百二十里東北至府城三百里至省城九百里

形勝

峨嵋東環洪流西帶北連汾水南接百谷逵峙孤山之秀近依脽土之雄

猗氏縣

東至安邑縣張嵒村界一十八里南至解州小侯村界三十五里西至臨晋縣任尚村界二十二里北至萬泉縣小桃村界三十五里廣四十里袤七十里自縣治西南至蒲州一百一十五里北至府城三百三十里至省

城九百四十里

形勝

北枕嵋原南憑涑水田廬錯繡桑柘鋪棻境内無名山大川而遠岫重谿俱歸襟帶居山河之腹心當秦晋之咽喉

萬泉縣

東至聞喜縣界三十五里西至滎河縣楊家庄界二十里南至猗氏縣楊庄界三十五里北至河津縣長樂村界二十五里廣五十五里袤五十五里自縣治西南至

蒲州一百九十里東北至府城二百四十里至省城八百二十里

形勝

南阻孤山北遶汾水連山帶谷地勢傾欹

河津縣

東至稷山縣史社界三十里南至萬泉縣大趙村界四十里西至陜西韓城縣界二十里北至鄉寧縣北山界三十里廣五十里袤七十里自縣治西南至蒲州二百一十里東北至府城二百四十里至省城九百里

形勝

河流環繞山勢屈盤險扼龍門西河要地

解州

東至安邑縣下鋪頭村界三十里南至芮城縣東栢社界二十里西至臨晋縣樊谷堰界二十五里北至猗氏縣大范村界三十里廣五十里袤五十里自州治東北至府城三百五十里至省城九百五十里

形勝

面石門之嶺背鳴條之岡外據砥柱之險內收鹽池之

饒

安邑縣

東至夏縣裴介村界三十里南至平陸縣青石槽界五十里西至解州下舖頭界三十五里北至萬泉縣薛村界六十里廣六十五里袤一百一十里自縣治北至府城二百八十里至省城九百里

形勝

南距中條北倚神稷沃壤繡錯陸海霜凝河東財賦之地也

夏縣

東至聞喜縣堰長村界三十里南至平陸縣清水澗界一百二十里西至安邑縣三家庄界四十里北至稷山縣徐家庄界七十里廣七十里袤一百九十里自縣治西南至解州城一百里東北至府城二百六十里至省城九百里

形勝

聞喜縣

東據條山西連涑水南臨鹺海北倚鳴條沃衍之壤

東至絳縣横水鎮界五十五里南至夏縣泊頭村界十里西至夏縣義門頭界二十里北至絳州蘭村界三十五里廣七十五里袤四十五里自縣治西南至解州城一百五十里東北至府城二百一十里至省城八百一十里

形勝

南有美陽北有晉原中條峻拔而蜿蜒涑水奔騰而旋繞

平陸縣

東至垣曲縣亳石灘界一百八十里南至陝州黄河岸三里西至芮城縣儀家溝界五十里北至安邑縣青石槽界七十里廣二百三十里袤七十三里自縣治西北至解州城九十里東北至府城三百六十里至省城九百六十里

形勝

條山北峙大河南縈左翼太行右跨雷首總水陸之要衝實崤函之隘地

芮城縣

東至平陸縣儀家溝界五十里南至閿鄉縣界黄河南岸二十里西至蒲州陳家村界二十五里北至臨晉縣中條山嶺三十里廣七十五里袤五十五里自縣治東北至解州城八十里至府城四百五十里至省城一千里

形勝

負山面河土腴地僻以横嶺爲南北門戸吭扼中條

絳州

東至曲沃縣張王村界一十二里南至聞喜縣蘇店村

界三十里西至稷山縣楊趙村界三十里北至太平縣
楊威村界二十五里廣四十二里袤五十五里自州治
東北至府城一百五十里至省城七百五十里

形勝

北枕九原南襟峩嵋姑山聳峙汾澮瀠洄介在兩河雄
視三晋

稷山縣

東至絳州王村界二十五里南至夏縣牛莊界五十五
里西至河津縣薛村界二十五里北至鄉寧縣馬壁峪

界三十里廣五十里袤八十五里自縣治東北至府城
一百八十里至省城七百八十里
形勝
左連故絳西抵龍門南帶汾河北通鄂壘王壁之覇氣
猶存高梁之雄風宛在
絳縣
東至翼城縣松羅峪界四十五里南至垣曲縣鵰兒村
界五十里西至聞喜縣清源界二十五里北至曲沃縣
景明村界二十五里廣七十里袤七十五里自縣治西

北到絳州一百里北至府城一百八十里至省城七百八十里

形勝

絳山横嶺澮水華池城郭青環川原緑繞

垣曲縣

東至河南濟源縣界一十五里南至河南澠池縣陽壺村界五里西至絳縣横嶺關界八十里北至陽城縣西紅村界一百二十里廣九十五里袤一百二十五里自縣治西北至絳州城二百二十里北至府城三百二十

里至省城八百八十里

形勝

北倚大行南距大河西有中條東有王屋兩關扼險澗谷阻深

霍州

東至岳陽縣七里纏界六十里南至趙城縣亂石灘界二十五里西至汾西縣界牌峪二十五里北至靈石縣大會舖界四十五里廣八十五里袤七十里自州治南至府城一百四十里北至省城四百六十里

形勝

大岳峙其東汾水經其西襟以彘川環以龍阜山河表裏形勢雄蟠

吉州

東至放馬嶺界九十里南至寬井河界六十里西至黃河七十里北至平渡關界一百里廣一百六十里袤一百六十里自州治東至府城二百七十里東北至省城八百四十里

形勝

西跨長河之險東連鄂壘之雄叠嶂層巒蜿蜒崒嵂輕騎不能並進一夫可以守險

鄉寧縣

東至襄陵縣界一百一十里南至稷山縣界一百一十里西至黄河龍尾磧一百里北至吉州界三十里廣二百一十里袤一百四十里自縣治北至吉州城六十里至府城一百八十里至省城七百八十里

形勝

西枕洪流東連姑射諸峰羅立各出其崢嶸之勢以危

險相尚羊腸鳥道石磴螺行

隰州

東至汾西縣青山界九十里南至吉州川庄界一百三十里西至永和縣許家原界五十里北至寧鄉縣慶豐峪界一百六十五里廣一百四十里袤二百九十五里

自州治東南至府城二百七十里東北至省城五百五十里

形勝

岡原盤繞道路崎嶇可以犄角河東屏藩幷冀

大寧縣

東至隰州胡城鋪界三十里南至吉州川庄村界四十里西至馬鬬關黃河岸七十里北至永和縣山頭村界三十里廣一百里袤九十里自縣治東南至府城二百四十里至省城八百四十里

形勝

北擁孔山南拱翠微左濼昕水右帶黃河深山峻坂為河東西鄙要地

永和縣

東至隰州羅真鋪界五十里南至大寧縣西索街界七十里西至永和關黄河界七十里北至石樓縣趙家溝界五十里廣一百二十里袤一百二十里自縣治東至府城三百六十里東北至省城五百六十里

形勝

萬山之中崎嶇險阻黄河西下可以外控延夏内衛并汾

平陽府志　卷之四　一

平陽府志卷之五

山川

古者國主山川非但修祀事徼庇佑而已蓋亦因以爲表焉於天下之中而有冀州若禹貢所載自壺口以下是其表也於冀州之中而有平陽於平陽之中而又有諸州縣北起大岳東連太行南接中條大河洶濤環繞西南是爲一郡之表其中山水支裔若姑射翠屏平汾澮絳之屬隨其邑境所有則又各自爲表美哉泱泱乎洵晉中一大輿區也善乎鄭夾漈之言曰州縣之設有

時而更山川之形千古不易禹貢分州必以山川定疆界故爲萬古不易之書今倣其意作山川志

臨汾縣 附郭

姑射山 城西三十五里山有姑射蓮花二洞卽莊子所謂藐姑射之山有神人居焉肌膚若氷雪綽約若處子是也神居洞卽姑射洞政和八年勅立

石孔山 城西三十五里姑射山前九孔相通深不可測

平山 城西南二十五里卽姑射之支也平水出焉山海經云平山平水出於其上潛於其下是多美玉

浮山 城東南三十里相傳洪水橫流時此山隨水消長

臥虎山 城東三十里以形類名

磬石山 城西北五十里山有石似磬

漫天嶺 城東北五十里與龍角山東西相距

汾河 城西二里源出太原府靜樂縣有二一在管涔山天池一在林溪山龍眼泉至支鍋石村合流至寧化所五里禹之孫昌寧公所定名定河至縣西南流經樓煩鎮歷交城陽曲太原清源交水祁縣平遥介休孝義靈石霍州汾西趙城洪洞臨汾襄陵太平至絳州東繞南門西流過稷山河津榮河入於黃河所經州縣多引爲渠山海經云管涔之山其下多玉汾水出焉由西南注河入皮氏南秦之皮氏今之河津也

平水 出城西南平山下東流至城西五里名平湖爲居民上巳遊觀之所又名晋水流至襄陵北門外入汾按水經注汾水南與平水合水出平陽西壺口山尚書所謂壺口也其水東經狐谷亭北春秋時翟侵晋取狐厨者也又東經平陽城西入汾俗以爲晋水非也

金龍池出平山下詳見水利

澇水出浮山烏嶺下一名黒水其傍有小澗溝合流至府城北高河西入汾

永利池城內西北即蓮花池周圍三百八十步深五尺

澐泉城東南二十里東亢村出於平地相傳通濟源周圍三畝六分舊名深泉金因其不雅易之曰亢元又易曰澐植蓮甚盛池上有澐泉神祠禱雨輒應

黄蘆泉城東二十五里源出臥虎山下宋慶曆三年知晋州軍事潘大傳會引入城中蓮池後廢

襄陵縣

臥龍山縣東南四十里其巔有塔一名崇山又名太尖山隋時有千尺大蛇臥其上故名臥龍神廟前古松一株大十餘圍高百餘尺扶疎如蓋蔭可數畝又古栢一株內抱槐亦大數圍皆千百年物其山東南接曲

沃翼城北接臨汾浮山俱名分水嶺東北亘長二十里

姑射山縣西十二里三蹬山之北見臨汾

平山見臨汾

龜山縣東三十五里臥龍山之北突然高起以形肖

三蹬山縣西南三十里長九十餘里巍然獨高其形三蹬

九龍山縣西南三十五里三蹬山之南其山脊有九曲

盤龍山縣西南三十里山勢盤繞如游龍狀

壽星山縣東南四十里俗名南岱

少石山龜山後有石洞相傳子房辟穀處旁有黃石公祠

焦石嶺縣西十七里其石皆紫黃色上有龍王祠每禱輒應

石牛嶺喬山東北支山世傳李耳過此牛臥地化石今其石色青形如牛

龍泉頂崇山之支高阜處有石泉水味清洌溽夏人日飲之不涸

龍澍峪縣西南二十里中有龍澍神祠世傳曾有雙龍鬭於此謬也土人讀澍爲鬭音故又名龍鬭

華池峪縣西十五里中有石洞過歲旱滴水如珠卽雨

仙人坡安李村西南相傳赤脚大仙至此今石上足蹟深四寸許俗呼爲神仙脚

白石坡縣西南三十五里山徑崎嶇人跡罕至弘治間知縣李高開廣爲大路通隰州等處商樵便之

自崖趙曲東南高阜處建文昌閣地形崧峭樹色蓊蔥爲鎮之文巒

汾河縣東一里見臨汾

平水縣西北十五里見臨汾

三交水縣東南三十里源出崇山至興光村西合鄧梁二水爲三波紋瀠遶

巢溪縣東南三十里即三交水西注至荊村入於汾世傳巢父洗耳處又名洗耳河又名頳水旁有土阜名箕山

石盆溝龍泉頂畔巨石如盆形內瀠水常盈人莫見其泉源雖盛暑大旱不涸

二郎溝縣南二十里有二郎神祠及雲幽洞邑人范晟有記

八眼井縣西十八里薛村里世傳趙宋時村人加姓賈姓者謀鑿井灌麻忽白衣老人指之曰離此西南一畝許可鑿忽不見二人遂於其地鑿井無水再鑿亦無至八眼水方出其七眼俱出焉遂通流爲八眼

滿水井一在縣東南十里魚池一在縣東南四十里張相村其水長溢流於外夏月尤盛

丹朱泉縣西南十五里景村世傳丹朱揷劍於此拔而得水

娥英泉縣西南十五里薛村里世傳娥皇女英遊於此泉東入汾

灰泉縣北二里泉底皆灰淘之不盡其水清冽異常

靈泉縣東滐泉村其泉平地湧出匯而爲池旱不乾澇不溢

飲虹澗縣南二十里上有飛虹橋下通二郎溝邑人邢雷有記

洪洞縣

九箕山縣東十三里狀類箕南向者九故名亦名土山

英山縣西二十五里圈頭村西北西望婁山南連天石山上有娥皇女英祠因以名

婁山縣西三十里婁村西南北接趙城羅雲山南對臨汾天石山屹然孤秀峯稍陰森上建婁山神祠

玉峯山縣北玉峯門外少東山自九箕而來回龍朝拱廟貌巍峩松栢蒼翠東望霍岳西面汾川南對洪崖勝地也

洪崖縣南安流門外一里許高聳百尺形若壁立望之屹然

寶崖縣東六七里秦壁村東北四壁巉然高聳俯瞷澗水中建廟宇爽塏僻靜孤栢插雲邑稱勝景修業者多聚焉樵牧于此嘗獲寶錢故名明嘉靖二十年知縣楊九澤奉文築城堡于上城與壁稱足以捍禦

汾河縣西北拱汾門外二里許臨河居民穿渠溉田其利無幾夏秋雨漲兩岸良田崩沒民甚苦之舊河身不甚大今七倍于昔漸徙而東去城伊邇若伐石砌長厚大堤于河右預爲捍城計其在賢司牧哉

澗河縣南安流門外發源岳陽縣其源二一出縣北安吉嶺一出縣西北金堆里千佛溝西南流至故岳陽村二水相合經洪洞西流入汾臨河居民多引溉田夏秋雨漲逐年崩塌臨崖地幾盡弘治十七年河水浸

埸城垣知縣鄭選令義官張满築堤護之長二百丈高丈餘後衝損嘉靖二十二年知縣陳宗仁加修砌石堅固倍昔迄今賴焉流至城西南角四曲三湾轉北環城與汾水合流處仍作迴轉洪邑人文之盛盖賴此云

英泉縣西二十五里英山西南麓水出石竇深不盈尺飲亦不竭俗呼神泉

無底泉在縣北八十里坊堆村陰晦水濁晴明水清人溺入不沉故名俗傳爲海眼

浮山縣

中條山縣東四十里南通翼城東烏嶺北達岳陽草峪嶺東支遥接沁源界俗名横嶺

堯山縣東八里即中條之西麓巋然高出上有帝堯廟古栢數株傳聞帝堯曾避於此歷代碑記頗多毎

四月二十八日

有司詣山致祀

天壇山縣東南五里一名南堯山由横嶺蜿蜒而趨乃堯山西南結聚處突兀撑空上有石壇三級壇

東有龍井又有真武廟玉皇及太乙閣爲邑勝景

司空山縣東南二十里原名風穴因上建司空廟故云其山腹内空虚人經過行步有聲傳聞其巔有穴孔出風樵牧者納衣其中少頃即出唐時有數虎爲害一異僧伏之今山東北隅地名虎兒殿見玉兎寺記

鳴山縣東南二十五里南連銀洞北接司空每天欲雨此山颯然先鳴

龍角山縣南三十五里東西二峯並峙雲表舊名羊角山唐武德間神人見此更今名下有穴名珍珠洞深不可測東峯巔有泉曰華池上建嘉潤侯左伯桃廟西峯巔建孚祐將軍羊角哀廟四月八日有司詣山致祀

銀洞山縣東南四十里西北連龍角相傳舊有礦土人以銀洞呼之其水南流達翼城界名金河

壺口山縣西南四十五里一名蜀山西接臥龍東連龍角濁水出其下綿亘數十里

月山　縣西南二十里南接臥龍西距漫天嶺

黑山　縣北四十里一名牛首又名烏嶺爲中條之別支水經註曰黑水出黑山西逕陽城南又西與巢山水會山海註曰牛首之山勞水出焉西流注于潏水

西左嶺　縣西十五里一名黄花嶺以其地産芫花故也南距月山西達郡城横亘十餘里爲本邑右臂

秦王嶺　縣北四十五里唐太宗爲秦王時自太原而南破宋老生於霍邑從霍山東分兵詭道潛行至此曾率游騎轉戰於栢壁村後人因立廟嶺上以祀之又趙城靈石聞喜皆有秦王嶺

北天壇山　縣東北二十里一名北堯廟亦中條之別支也山端有廟栢樹叢羅氣象深秀

佛嶺山　縣東北三十里卽中條之右臂去山僅數里高敞清幽上有祠並寺觀爲地勝境

龍池二　一在縣西二十里浮谷鄉之龍王廟一在東南十五里之濟瀆祠

華池龍角山東峯之巔武德間初建慶唐觀苦無水池水乃自流至觀前工畢流止遇旱禱雨輒應

龍井天壇山南澗中有三一東南一正南一西南深不可測天旱禱雨屢應在西南者卽今之龍泊是也

南河縣南一里許源出中條自東南環城西北流邑境無水利獨此河流灌園圃至馬臺會丞相河西入於汾舊有蓮花池在河傍南坡坡下今廢

澮水河縣南二十里源出壺口山自西南來會龍角司空二山水至交頭河折而西流經汗水殿合濟瀆澗遶大義寺而北趨龍神溝歷下寨橋入汾唐時引山水及高粱水入百金泊溉田

諸葛河縣北六里源出中條經栢村合南王澗水西流爲丞相河至馬臺界與南河交會入汾丞相河者謂昔霍光之別墅也

金水河縣西南三十五里源出浮山下本邑趙家嶺之西溪也土人有時於流沙中見金屑故名北流

至河裡庄由下寨橋入汾

楊村河　縣北二十五里發源中條由唐葛栢壁村西流經楊村與黑水合流入高粱達於汾

澇水河　縣北四十里源出烏嶺下一名黑水見臨汾

永惠泉　縣東四里天壇山西麓土厚地高居民乏水鑿石引泉蓄於石竇中取之不竭民甚便焉故名

懸泉　縣東北二十里北天壇之西巖懸崖涓滴鏗然有聲宛若戛玉鳴珮匯流成澗甘凉透骨號曰清溪西北流合於黑水

趙城縣

霍山　一名太岳在霍州東南二十里南接趙城北跨靈石東抵沁源古爲冀州之鎮今爲中鎮其東有峯上圓名觀堆峯山極高峻形勢巍然逈出雲霄上有五色花雙頭蛇入山五里許有中鎮廟靈應甚速凡遇災

異遣官奉祀仍命有司例祭水經注曰岳廟甚靈烏雀不棲其林猛虎常守其庭又有靈泉以供祭事鼓動則泉流聲絕則水竭

羅雲山　縣西四十里巖巒巍峩峯巒重疊北接汾西南連洪洞西抵蒲縣其山嘗有雲氣不時舒布于上故名羅雲舊有七佛峽寺卽雲岩也寺後有小泉味甚甘美居人用之不窮

明珠山　羅雲山東北近石明里上有淸眞菴山之西南溝中有龍泉寺

秦王嶺　縣南三十里名秦王坡

五女原　縣北十五里漫衍廣博爲邑北屏

汾河　縣西臨河居民多引灌田見水利

第一河　以山溪泉水所宗故名源出七佛峽流經蒲縣城西至大寧縣界入黃河

霍泉　源出霍山之南見水利

馬跑泉　廣盛寺北范霍峪

南小澗　城南五里許出霍山谷中故屯南有龍王廟凡有所禱輙應邑人呼爲小澗龍王西入汾河

南大澗　城南二十里上紀落鎮南出霍山青條谷中上有大石橋西入汾河

舞牟澗　城北十里石明里南山上有一小泉時遇雨水遂成大河東入汾河

轟轟澗　城西十里石明里北水聲如雷故名源出汾西流至本縣境東入汾河

太平縣

姑射山　縣西十五里見臨汾

九原山　縣西南二十五里晉大夫多塟其處趙文子與叔譽觀于九原即此

汾陽山縣南十里汾水之陽故名東西亘峙爲邑之南屏

巴山縣東二十五里有蘆葦懸生崖半蔓延數尺歷冬不凋望之如藤蘿狀

清濂洞縣西二十里賈剛村西卽王道源仙化處舊嘗禱雨于此

桃花洞縣西北二十五里蟠道村北洞口桃一株出自石中其花先放香艷異常

照望峯縣西北二十五里西安平西北姑射山之巔更深猶見日色北曰神仙洞碁迹猶存南曰勝水泉澄清如鑑里人建廟于其上亦一巨觀云

太和洞縣西南十五里卽焦村泉所出

慈航洞縣西門外

留雲洞縣東南十二里西毛溝聯云遠挹千峯翠平吞一水清

汾河縣東二十五里由北而南入絳州界

源泉縣北源出景毛村又潛流地中至西郭村東復出

龍谷水縣南三十五里南柴村經絳州左傳云龍見絳郊卽此

岳陽縣

霍山縣西北九十里見趙城

鳳凰山縣西北七十里其形宛若鳴鳳昂霄兩翅矯然

尖陽山縣西北七十里崇岡峭壁旭日先照故名

雪白山縣北四十里上多白石望之若雪

三稜山縣北五十里三峯並峙觚稜峻厲

鰲頭山縣北五十里嶢巖峻厲形若鰲頭

蓮花山縣北七十里七峯連峙霍山之支也

黨家山縣北九十里霍山之支

尹家山縣東六十里

屏風山縣東四里太行餘支有虎踞龍盤之勢一名掛榜山

刁黄嶺縣東南一百五十里

安吉嶺縣東北五十里澗水發源

洪門嶺縣東八十里

東鄔嶺縣東南一百里

草峪嶺縣東南七十里路通潞安府

龍頭崖縣北七十里

滴水崖縣北七十里

香爐崖縣北六十里

饎餎崖縣北六十里

滲水崖縣北六十里大水湧流至此忽乾相傳神人以杖卓山水遂透山而過至趙城廣勝寺下有水湧出即此水也

仙洞崖縣北五十里洞深不可測

盛佛崖縣北五十里

鐘樓崖縣北四十里

沁河縣東北九十里一出沁源縣西北綿山一出沁源縣東北馬圈溝合流縣境內百餘里東南入黃河

藺河縣北八十里源出寶豐里經流唐城上縣等處東南入沁河

赤壁水縣北六十里源出趙城縣霍山赤馬交西南流二十里至漏崖潛入地中過南三十里復出合澗水見一統志

大澗水有二一出境北安吉嶺一出縣西北堆金里俱西南流經洪洞縣入于汾

神水縣北五十里池水常滿數百人飲之不竭郎經千日不取亦不溢

八十里川縣東一百六十里源出長子縣發鳩山西南流與沁水合長八十里故名

聖泉縣東三里東山之麓延慶觀水出石中羽士激之從石罅噴吐注觀中石渠婉轉曲折伏流三清殿

下至殿前流出匯爲二池可以畜魚

澤泉　縣北二十五里

馬跑泉　縣北五十里

曲沃縣

紫金山　縣南十三里東達太行西極隘口高五里盤踞百里古志云產銅今無

絳山　縣西南二十里卽紫金山脊尾日々迴光返照如絳色故名

四稜寨　卽紫金之巔正對縣治上有紫陽宮宮側有風洞深遠莫測

青玉峽　紫金山東南北長二里許東西兩崖對出高數十仞

郝家山　明郝修已賜田處修已嘗耕此後服官清介洪武間予田產之紫金故童山獨此草樹茂密

氷巖 縣南十五里紫金山半有泉下注石崖冬則凝而成氷三四月猶存與晉宫殿遥對巖下有龍底泉

喬山 縣北四十里太行之支也山形陡峻故名雙峯峙空中遵磴造峯頭猶山麓也北壁萬仞徑絶好事者鑿石梯之僅容一身上攀下踐手足皆石既躋四顧群山皆斷嶄然削成南北可三四丈東西少廣有石室一謂喬山以下有空洞山覆于上如橋形西麓有夢感泉中峯有軒轅廟遇旱禱者畢至輙有片雲止簷際即雨歲久廟燬石柱鐵尾猶有存者相傳塟黄帝衣冠於此云

臥龍山 縣東北四十五里又名太尖山乃太行支脉舊志隋時有龍臥于此

壚頭山 其巔畧坦爾雅所謂上正章也故名峯側有石龕似避世地鐵鐘猶存

汾河 縣西八十里見臨汾

澮水 縣南三里源發太行山東烏嶺經本縣河底韓村等里西流入于汾

合水　縣北二十里源出太尖山與溫泉諸水合流西入于汾

沸泉　縣東南二十五里源出絳縣流入本縣景明村水經注曰俗謂之白水也水出絳山東至寒泉奮湧揚波北注懸流奔壑十一許丈青崖若點黛素湍如委練望之極爲奇觀

翼城縣

翔山　縣東南十五里舊府志作澮高山括地志云澮水出焉通志作詳高山水經注曰澮水東出詳高山亦曰河南山又曰澮山其形如鳥張翼亦名鄴翔亦名翔皐山今通名翔山產銅鐵前有灤將軍祠下即灤泉

羊角山　縣東北三十里唐武德三年有吉善行者于羊角山下見有白衣父老曰爲吾語唐天子吾爲老君而祖也詔以其地立廟山有二峯西北峯屬浮山東南峯屬翼城上有羊角哀左伯桃廟開元十八年勅修有水名華池歲旱入多禱焉

佛山　縣東七十里澮水南源出焉

八寶山　縣東北二十五里有八峯漢文帝廚河上翁隱此今有河上翁堆

七寶山　縣北二十五里與八寶相對

丹山　縣北二十里出丹砂雨後人多拾之又曰丹陵郎丹朱封地上有丹朱廟

覆釜山　縣西北十五里即縣西陵之首蜿蜒而南綿亘數十里有介之推廟俗呼小綿山

蜀山　縣北三十里相傳漢鄧通鑄錢處爐迹尚存每有拾銅與錢者按文帝賜鄧通蜀嚴道銅山得自鑄錢括地志云在雅州榮經縣北三里唐大曆中第五琦上言請于絳州汾陽銅源兩監增置五爐此其是矣

石姑山　縣北四十里其南有大石挺立故名舊志云昔有龍女至此入石縫有草葉似莎長四五尺俗呼龍女髮旱梳之則雨山下有石如牙斧狀又云龍女所棄

天柱山縣西北四十里一名臥龍山俗稱大尖山界翼城臨汾襄陵曲沃浮山五縣

歷山縣東南九十里通稱舜王坪即舜耕處山界翼城垣曲沁水陽城四縣旁有瞽塚村諸馮村屬垣曲又有溈汭泉屬沁水史記注鄭玄曰歷山在河東朱子綱目云舜耕于歷山生于姚墟因以姚爲氏邑北門外冰清鎮古相傳爲姚墟地今尚多姚氏又蒲州亦有歷山

烏嶺縣東六十里二嶺相對東烏嶺屬沁水西烏嶺屬翼城地里志名黑領因避宇文諱易今名穆天子傳曰西絕鈃隥即此唐節度使石雄伐澤潞引兵踰烏嶺破五寨亦此其地最險隘有巡檢司

百草嶺縣東南四十五里多產藥草

菩薩崖縣東二十里又名觀音洞深遠莫測洞口建觀音祠

千佛窟縣東南二十里翔臯山後窟內風大有聲人不敢入或云與觀音洞通

蝦蟇口　縣東南三十五里兩山相夾雲起多雨旱則邑民望焉

澮河　一出烏嶺一出佛山下合流而西水經注曰澮水西逕翼城南又西南合黒水嶺水導源東北黒水谷西南流經翼城北右引北川水出平川南流注之亂流西南入澮水又西南與諸水合謂之澮交又西南與絳水合歷曲沃至絳州入于汾

高泉水　出東南近川西北趣澮交注澮

紫谷水　東出白馬山西與田川水合水出東谿西北至澮交入澮

范壁水　出于壁下並西北流至翼城二水合而爲一西北流至澮交入澮

灤水　出翔山至李村與澮水合詳水利

賀水　源出絳縣東賀村西與灤水合水經所云有賀水東出近川西南至澮交入澮者是也

釵股泉縣西十五里感軍村雙泉並湧形如釵股相傳漢薄太后從文帝之代聞河上翁明老子道枉駕訪之衛士渴甚太后視天揷釵於地遂得泉因名

神泉出縣北門外氷清鎮

沙泉縣東南十二里下流村西與潦水合詳水利

善淵縣北十五里龍女村俗傳張老夫婦於淵旁得一卵歸家化爲一女遂與之同居衣食常自豐足後女入石姑山石縫中土人祀爲石姑神云

汾西縣

姑射山縣西六十里一名青山乃姑射之連阜山產鐵舊有藐姑仙人祠

聖水山縣西五十里泉流不竭澄清如鑑

商山縣東南六十里上有商山神祠

石佛崖縣北三十里崖高三丈許廣四丈有奇環崖皆石佛像崖雖崩裂佛像仍見

九仙洞縣西六十里石壁峭立俯臨汾河壁有洞深邃莫測

汾河在縣南關乾河鎮見臨汾

轟轟澗縣東十五里澗東南有廟下有潭深不可測廟後有石洞澗中有穴望前噓而出聲望後吸而入聲其聲如雷見一統志

小潺澗縣東北五里流于霍會于汾其聲潺潺冬寒水若沸湯常有白蛇出沒又名白龍池

泊池縣東門內元天曆初縣尹平民濬甃爲池冬夏不涸

李安庄洞泉縣東十五里懸崖之內有古洞深五丈餘內有清泉丈許

靈石縣

綿山縣東三十五里一名介山左傳晉公子重耳出奔及還國賞從亡者介之推不言祿遂隱此因名一名介美山南連雷首北跨恒岳盤桓邐迤隨地異名其中名勝不可殫述

翠峯山縣東林木茂密四時蒼翠故名

抱腹山縣東四十五里即抱腹巖接介休地

尖陽山縣東南七十里山勢陡峻高插雲表上恒積雪春深望之皓然

石膏山與尖陽山相對多產石膏且佳有上中下三巖峯巒壁立谿壑幽深瀟洒清奇若入異境

十八盤山石膏山南山極陡險上下盤繞共十八曲

孝文山石膏山東十餘里相傳孝文皇帝寓此

捕狐山　縣東南七十里高五里徑過七里上有神廟俗傳爲捕狐神

臥牛山　縣南四十里形如臥牛

烈鳳山　縣西十五里如鳳之飛揚

馬頭山　縣東五十里山勢聳出如馬頭然亦名馬脊山

栢槐岩　縣東五十里與抱腹岩相連

馬跡岩　縣東三十五里石上馬跡宛然

龍岩　縣南七十里有寺俗傳宋藝祖避兵于此

韓侯嶺　縣南二十里有廟墓在廟後多名人題咏見古蹟

秦王嶺　縣西南三十里唐太宗取霍邑駐馬于此

蛤蛹嶺縣西南五十里以狀類名即古賈胡堡相傳唐兵取霍邑駐此俗呼蚰子嶺

文殊原縣西二十里相傳爲文殊顯真之所

望川原縣北十七里東西舖頭兩界相傳禹治洪水時登此觀望水勢有祠

禹王原縣西南道美里相傳夏禹曾遊於此有祠

汾河流經縣境冷泉等鎭直逼縣城之北合小水河繞縣西復轉而東抵䓁峯山下折而西南入霍州界

小水河縣北門外源出綿山與地峪及栢溝曲美峪流經静介等村至縣入汾夏秋水暴漲洶湧迅急勢如連瓴縣處下流數被其患

曲美峪河縣東四十里源出綿山箭霍巖諸溝之水流經梧桐等村與小水河合入于汾

栢溝峪河縣神林北源出綿山藥空諸澗水流張岫等村與小水河合入于汾

新水峪河縣西南六十里源出隰州印馬峪而孝義栢枝峪諸水復自北流會之經雙白等里至秦王嶺南入汾

礱河縣東一百七十里源出雀兒山岩東流入汾

桑平峪河冷泉北十里居民千餘家山水環遶

沙峪溝河縣東四里入小水河

懷來峪河縣西十里入汾

仁義河縣南四十里源出沁源流經尖陽石膏諸山之南過仁義鎮至南關鎮入汾

石門峪河縣西四十里源出孝義舒江等山峪諸水會流經文學等里至夏門鎮入汾即西河

石村溝河縣南五里會東山之水入汾

郭家溝河　韓侯嶺常家山之中各山水會流經魯班纒入汾

景家溝河　索州鎮汾河西通孝義郭壁等村諸溝之水入汾

賀家溝河　曹村北通文學里諸溝之水入汾

石門溝河　仁義驛北水入仁義河

柳溝河　仁義驛東水入仁義河

羅兒溝河　仁義驛東水入仁義河

青石溝河　道千村水入仁義河

水峪溝河　縣東北十里水入小水河

冷泉　縣北四十里風景寒凉其泉清冷下與汾河相通視河消長以爲盈涸

野泉縣南十里水極甘美

方泉縣北七里

平泉縣西北三十里水入景家溝

蒲縣

翠屏山縣西南一里山勢秀麗松栢鬱葱儼如翠屏上有晉文公廟歲寒亭棲雲閣明末流寇擾亂知縣張敵謨以土城難守請將松栢變價備磚包城今山木濯濯僅存空名而已

南屏山縣南一里狀如屏風松栢森然羅列如眉又名蛾眉山

東神山縣東五里根盤數十里松栢濃茂爲蒲勝景

五鹿山縣北五十里高八里盤踞十里上有五鹿大夫廟迤邐至縣高峯再起是爲縣北山城建其下

蒲子山　縣東北五十里世傳堯師蒲伊子隱此

公峪山　縣北七十里蒲處萬山之中其著名者惟此

行駕坡　縣西南二里其地不生荆棘相傳晋文公封蒲行駕於此

龍頭嶺　縣東三里

龍母洞　一名龍興洞縣北四十里居群山中泉冽而甘傍產五色花乳石內有風穴風起常如龍吼遇旱禱雨得其湫水即應明天啟四年知縣羅永新步禱三日大雨如澍人咸異之

東大河　縣東發源於本縣之分水嶺西流七十里遶城之南經隰州界過大寧入黃河　舊志云出趙城七佛峽非是

第一河　即東大河至縣南衆水皆匯故名世又傳重耳逃難渡此殺其漲而得濟曰第一者靈之也

東小河　發源於五鹿山之北南流七十餘里遶城東至南屏山下與第一河合流而西

南川河　發源於鄉寧之牛王廟北流八十餘里至縣東南與東大河合流而西

蒲峪川　發源於萬山中西南流二十餘里至夾村伏流至洛陽村再見又西南流二十餘里至城東與東大河合流而西

飲馬池　縣東東神山下

南澗泉　縣東南一里三官祠前

古寶泉　縣北五里龍興寺前

聖水泉　縣南一里南屏山下

汗水泉　翠屏山半從石竇湧出人有疾禱之飲其水汗出即愈土人立像祀之號汗水祠

隱龍泉 縣東南八里侯家莊　按蒲之水皆係山溪遇積雨則暴漲其勢奔騰而不可遏數十年來洗蕩民田千有餘畝盡成砂礫且漸逼城根蒲雖山國實多水患也

蒲州

中條山 名山記在州東南十五里以其中狹而延袤不絕故名又以南北狹薄亦名薄山其陽跨芮城平陸其陰跨解州安邑夏縣聞喜垣曲諸縣解州境有膽礬竈二處又有桃花元女二洞及谷口蒼龍等泉至夏縣境有洞石崖上書玉溪頭三字相傳司馬溫公嘗讀書於此水經注蒲坂縣有襄山又曰太史公封禪書稱華山以西名山七薄山有其一焉薄山即襄山也楊雄河東賦曰河靈矍踢掌華蹈襄注云襄山在潼關北十里括地志云河東縣雷首山一名薄山亦名蒲山亦名歷山亦名首陽山亦名襄山亦名井棗山亦名渠豬山亦名獨頭山亦名吳山亦名中條山在陝州芮城縣北十里此山西起雷首東至吳坂凡十一名隨州縣分

之多在蒲州水經注云蒲山統名總稱又明都穆遊山記謂中條即禹貢雷首蓋非無據云

首陽山 名山記州南三十里一名雷首禹貢壺口雷首至於太岳與二華爭高峯巒巉崒又名方山殷伯夷叔齊隱此歿葬山麓墓祠俱存唐李頎有詩水經注曰山臨大河北去蒲坂三十里尚書所謂壺口雷首者俗亦謂之堯山又都穆以中條爲雷首謂首陽乃首山之陽非雷首也其說與括地志亦合並載之

歷山 州東南三十里水經河水又南過蒲坂縣西注云郡南有歷山謂之歷觀舜所耕處也上有舜廟

玉簪山 州東南一百二十里永樂鎮純陽宮之側林泉茂美爲郡中佳境

方山 州東南一百二十里永樂鎮純陽宮之後煙嵐葱鬱溪水瀠洄

猫耳山 州東南一百二十里純陽上宮道流愛其幽靜結茅以居焉

筆架山 在州南十五里中條之北數峯羅列拱對州城中高末下形如筆架

麻谷山　州南三十里數峯競秀群壑爭流逶迤盤鬱林巒蔽虧爲中條之勝

八盤山　州南二十里中條之北八折至頂轉南即爲歷山山

鳳凰山　州南七十里爲中條盡處吳雯詩鳳嘴三春麥龍頭五月冰鳳嘴即鳳凰山也龍頭即首陽山

九峯　州南六十里純陽宮之上其峯有九形勢秀拔道流名爲玉椅

玉峯　州東一百里名山記爲第五十一福地侯真人道華證果處

雲蓋峯　州東三十里中條之北壁立萬仞高入雲表

寶玉峯　州東南二十里山勢起伏形肖文筆一作抱榆峯或曰石晶瑩似玉以是得名

焦嶺　州東南六十里焦盧里故以地名嶺今嶺下焦氏爲盛云

神嶺　州南歷山之東兩水夾注盤折峻拔如神龍然

棲巖　州南十五里中條山內有棲巖寺

谷口　州東南一十五里中條山陰之西麓

蒼龍谷　州東南一十五里中條山陰之中麓按名山記當作蒼龍舊志作蒼陵非是

大谷口　州東南一十五里中條山陰之東麓

曇延洞　州東南一十五里棲巖寺東即曇延講經處

玉洞　州東南一百二十里中條之陽

峨嵋原　州南五里高十餘丈南北綿亘東西轉折跨臨晉猗氏之地按元王思誠詩云條山河水壯封疆城外峩原百里長即此

舜原　城北二十里相傳爲虞舜所生之地

青臺原　州北二十里

虞原　州南三十里歷山之東段干舊隱地

玉皇原　州東南一百二十里永樂鎮東何志淵栢臯記
云左顧玉皇之原是也

土龜原　州古城外東南上有后土祠

書院坡　州東五里北穿峨眉原東通觧州　按坡舊爲
嶽祠明給事吕公經爲郡倅始更爲河中書院
則知書院坡之稱非古也而舊志不載今仍其名云

兎窰坡　州五里跨帶東原路入東鄉

普救坡　州東五里南臨深溝北帶古寺路通猗氏

白道坡　州東北五里上枕峩嵋原路通臨晋

吉安坡州東北十五里坡跨原上路入北鄉

穮村坡州東北二十里路通榮河

風陵坡之州南六十里黄河北岸南通潼關水經注曰關之直北隔河有層阜巍然獨秀孤峙河陽世謂之風陵戴延之所謂風塠者也

獨頭坡州南四十里乃雷首一丘突兀當路外臨大河内穿峻坂東接夷齊祠南達潼關水經注曰涑水出河北縣雷首山縣北與蒲坂分山有夷齊廟闞駰十三州志曰山一名獨頭山夷齊所隱也山南有古塚陵栢蔚然攢茂丘阜俗謂之夷齊墓其水西南流亦曰雷水穆天子傳曰壬戌天子至於雷首觴於雷首之阿使孔牙受良馬於雷水之干是也昔趙盾田首山食祁彌明翳桑之下水西南流注於河左傳謂之涑川者也俗謂之陽安澗水　按獨頭村在首陽山下俗又稱首陽爲龍頭覺志說較優但謂墓在山南非是

放馬坡　州南歷山前昔有戍軍牧馬於此今其上猶號東草坪西草坪

黃河　蒲津門外禹導河積石至於龍門經河津滎河臨晉由州過則至於華陰由芮城平陸入河南明隆慶四年河水泛漲隄岸溢入城西門及南北古城門州民大恐是年西徙萬曆八年復决東甃石岸以障之自後去城十餘里　國朝康熙三十四年東徙去城五里餘

五姓湖　州東三十里五姓村即古張澤亦名五姓灘按水經涑水又南過解縣東又西南注於張揚池酈道元注張揚城即漢書所謂東張矣蘇林曰屬河東即斯城也涑水又西南屬於陂陂分爲二城南面兩陂左右澤渚東陂世謂之晉興澤東西二十五里南北八里西陂即張澤西北去蒲坂一十五里東西二十里南北四五里冬夏積水亦時有盈耗也今湖去州三十里歷猗氏解州臨晉及州當是古今勢易時之變遷故也

永樂澗　州南一百二十里水經河水又東永樂澗水注之注云水北出於薄山南流經河北縣西故魏

國也晉獻公滅魏以封畢萬卜偃曰魏大名也萬後其昌乎後乃縣之在河之北故曰河北縣也今城南西二而並去大河可二十餘里北去首山十許里處山河之間土地迫隘故魏風著十畝之詩也城內有龍泉南流出城又南斷而不流永樂溪水又南入於河　按中山經卽渠豬之水也今澗在純陽舊宅東與山海經東則渠豬之水亦合舊志作玉泉澗以水經注謂河水又東北玉澗注之遂謂玉泉澗也其說如皇天原玉溪諸蹟亦頗有可信永樂東有玉皇原又李商隱寓永樂自稱玉溪生疑玉皇原卽皇天原永樂澗卽玉溪也但水經注皇天原上有武帝思子臺又北逕閿鄉城西地似河以南或酈道元未至其地考據未詳耶或商隱以望中見玉溪遂自號此而沿習至茲時皆以爲玉溪耶今但仍水經書永樂澗爲不失實云

寒谷澗　在永樂純陽舊宅西疑卽山海經所云共水

神龍潭　州東南十五里太谷村澄光可鑑

玉龍潭　州東南十五里贊歎寺下吳叟詩云下方昨夜雨雲氣滿龍潭即此

泓龍潭　州東四十里地名孫李龍祥觀後有記

水谷潭　州東南二十五里水谷村有瀑布飛掛可觀

顯應潭　城內西南隅今湮

雷澤　州西南首陽山下即舜所漁處其水南流入河

通濟溝　州南十里鐵爐舖前

大陽溝　州南七十里大楊村

澗口溝　州南七十里地名基城與大陽溝通連

諸老溝　州南一百里觀後

柳溝州南十五里棲巖寺東今按地在寺東南石門側

鴉兒溝州東五里峩眉原潦水聚蓄遂成深溝兩崖多穴棲鴉因名

鏵嘴溝州東北四十里西下村

大凹西溝州南六十里歷山舜祠之側古祭地在焉

老陳溝州南六十里中條山昔有陳姓者牧馬其中故名之

古北灘州北一里黃河退水地出沒不常中多軍民田莊歲久瀉鹵荒閒居半

竹溪州東十里石莊旁有竹溪寺今湮

嬀汭泉州東南五十里歷山之中爾雅云水北曰汭亦小水入大水之名蓋兩水合流之內故從水從內皇甫謐曰納二女於嬀水之汭據此則汭非水名又云泉南流曰嬀北流曰汭異泉而合流也尚書釐降二

女于媯汭卽此上有舜廟周宇文護建

顯明泉　州南十七里歷山村東

桑落泉　水經注曰河東有徙民劉墮者宿擅工釀採挹河流醖成芳酎食同枯枝之年排於桑落之辰故酒得名香醑之色清白若滲漿焉別調氛氳不與他同蘭薰麝越自成馨逸方土之貢選最佳酌矣自王公庶友牽拂相招者每云索郎有顧思同旅語索郎反語爲桑落也後國史補河中桑落坊有井每至桑落時取其寒暄得所以井水釀酒甚佳故庾信從蒲州刺史乞酒詩蒲城桑葉落灞岸菊花秋謂此也按當時河水在州城西今桑落泉在古城外東南隅土竈原后土祠下相距纔五里挹河爲釀固其宜也泉之得名實應以此

蒼陵泉　州東南十五里王莊卽谷口水源

大谷口泉　州東南二十五里大谷口水源

柳溝泉　州東南十五里棲巖寺東

大黃泉　州東南十五里中條山北麓

觀音泉　州東南十五里鹿谷上有白石寺遥望壁垩皓然俗名觀音堂

梨花泉　州東南十五里條山大谷之中

龍母泉　州東南十五里條山大谷之中

飲馬泉　州南五十里胡營

臨山泉　州南六十里中莊

玉洞泉　州南一百里觀後

寒谷泉　州南一百里亦在觀後

鸑鷟泉　州東五十里水經注云鹽道山其西則石壁千尋東則磻谿萬仞方嶺雲廻奇峯霞舉孤標秀出羣絡群山之表翠栢蔭峯清泉灌頂郭景純云世所謂鸑鷟也發於上而潛於下矣厥頂方平有良藥是以緇服思玄之士鹿裘念一之夫代往遊焉路出北巘勢多懸絶來去者咸援蘿騰崟尋葛降深於東則連木乃陟百梯方降巖側縻鎖之跡仍今存焉故亦曰百梯山今臨晉南山下有百梯村又山腰寺亦名百梯皆距州五十許里　按注百梯在鸑鷟東與舊志距州五十里之說亦符山介在州與臨晉之間故兩處皆志但謂草坪山則謬矣　考中山經薄山之首曰甘棗之山共水出焉西流注於河又東二十里曰歷兒之山又東十五里曰渠猪之山渠猪之水出焉南流注於河又東三十五里曰葱聾之山水經注河東郡有歷山謂之歷觀舜所耕處嬀汭二水出焉西流入於河又云河水又東永樂澗水注之酈道元注即渠猪之水也然則甘棗歷山渠猪皆在蒲州境內審矣芮城志甘棗山在縣東北三十五里今名刺林溝其水源出甘棗山即今朱吕溝水

也據此則芮棗其水又在芮城境內常以括地圖通計蒲芮百里之間所謂西起雷首東至吳坂隨州縣分之統名蒲山者誠爲通論且芮昔屬蒲與永樂爲鄰芮之有皆蒲之有考古者不以文害辭斯稱善言地理者矣

臨晉縣

中條山 縣南六十里西自蒲州之草頭坪東至解州之紅臉溝靜林寺凡四十里皆縣境內其他可見者悉支山也見蒲州

方山 中條山東一名檀道山山海經云檀首山水經注云壇道山亦名百梯山其頂方平故又名方山與縣治對峙峩挿漢爲中條之首五老峯亦俯其下上有方田數畝泉流涓滴草木蓊鬱舊有靈峯寺唐宋金元爲永樂虞鄉兩縣勝地號大叢林自宋廢永樂元廢虞鄉城郭人民繁華頓改琳宮紺宇香火萋其迄於今頹垣斷礎刼盡灰飛而山靈寂其無聞矣

五老山　縣西南七十里虞鄉城西南十里方山之東其南最高曰玉峯一名靈峯洞天福地記五十二福地玉峯在河中府謂此山也峭壁千尋危磴削立鐵索下垂攀引而上好事者往往發興登臨如入仙境按論語讖云堯率舜遊首山觀河渚有五老人自河負圖而出歌而告帝之期歌畢同登此山飛爲流星上入昴山名五老以此或謂五老爲五行之精今豫章匡廬山亦有五老峯晉張僧鑒潯陽記云横隱藏空其形勢如河中虞鄉縣五老山則此山五老之名先於匡廬久矣

北斗峯　在靈峯觀上北斗臺

雷公洞　五老山上上洞在歸雲巖下洞在北峯

錦屏峯　五老山上有東西二峯

張果洞　五老山錦屏峯之陰洞之東西石上有所乘白驢行迹宛然

韓峯　五老山靈峯觀南一名韓角峯即韓君丈人隱處峯東南有韓君洞

真人洞　五老山羅通微隱處

步虛坪　太乙峯南乃羅真人步虛絕粒之處

棄瓢巖　五老山諸洞之陽嵩山羽士李皮囊棄酒瓢以貪山靈處一號皮囊洞又有青城太乙蒼龍太白王母白沙元武保德諸洞

玉真洞　五老山棄瓢巖旁有龍井旱禱輒應唐明皇勅玉真公主投金龍其中又有鹿飲金龜金沙玉女諸泉俱出其麓

王官谷　縣南七十里中條山中去虞鄉城東南十里以王官廢壘爲名春秋秦伐晉取王官及郊左傳呂相絕秦書曰入我河曲俘我王官是也巖壑深邃泉谷幽奇有天柱掛鶴諸峯瀑布貽溪諸水山水之勝甲

於河東唐司空圖常隱居於此建休休亭自爲記又有石硯竹逕修史亭一鳴窓諸勝

天柱峯 王官谷南瀑布經其西

白雲洞 王官谷内元孤雲子李純夫所居搆了了菴以擬休休亭者

二嶷山 縣東北三十五里南北錯峙隋志桑泉縣有三嶷山今土人止稱大嶷小嶷焉

蛾眉原 縣北五里以形似名東自聞喜之嶺口迤邐連夏縣猗氏本縣之境西抵黃河

黃河 縣西三十里北自河津龍門南經滎河繞本縣之右至蒲州西南風陵渡折而東流春秋僖公十三年冬晉薦飢乞糴於秦秦於是輸粟於晉自雍及絳相繼命之曰汎舟之役即此河也

涑水河 縣東南二十里源出絳縣太陰山陳村峪伏流至柳莊復出歷東鄉喬寺等村至周陽侯城與洮水合至呂莊與景水合又西與沙渠水合按景水沙渠會爲一水俱自呂莊入涑水又水經注出河東聞喜

縣東山黍葭谷注涑水所出俗謂之華谷至周陽與姚水合西流經聞喜南經夏縣界至三十里水頭鎮郎司馬温公所居地又西至安邑縣北二十里經猗氏縣境入本縣故道自坑頭鎮西南合姚暹渠水入五姓湖明弘治十六年御史曾大有以姚渠首中太狹涑水攔入爲鹽池害疏請濬河八十里自猗氏崔家灣開引稍西經智光水頭觀底胥村城子埒勃落頭諸村直入五姓湖達孟明橋入黃河

姚暹渠 縣南五十里舊名永豐渠水出夏縣東巫咸谷西流經安邑縣下留村苦池水入之又自安邑城北西流六十里經解州北境至本縣南西流入五姓湖隋大業中都水監姚暹所開故以名渠

五姓湖 縣西南四十里村有五姓因名郎古張揚池爲涑水姚暹經流所注之地舊志云每夏荷花盡發爛若披錦雜以綠蒲紅蓼足稱佳勝而鳧鷺群遊鱗鱻並育罟舟釣艇出没其間誠一邑奇觀也今徒見湖光一片而已 後魏地形志河東郡北解縣有張揚城括地志張揚故城一名東張城在蒲州虞鄉縣西北四

十里今以目前地勢揆之東起鴨子池西連湖尾更西接孟明橋東西六十里一帶水鄉所謂晉與張澤者在焉第世代滋久滄桑變更東西兩陂離合非舊即張揚故城莫有能舉其名者要以括地志參之水經注自不可誣也

桑泉縣東北十五里左傳秦伯圍令狐入桑泉今帶村里北杜村是其地土人呼泉兒杜村泉久湮無跡康熙十二年知縣潘士瑞鳩徒掘尋於東北溝得井泉焉欲疏鑿西行資民汲溉尋以罷官中止後遂無過而問者　按舊志謂桑泉即桑落泉並引劉墮釀酒事誤也

鸑鷟泉在方山頂上泉久湮塞故老言水深無底有神物宅其下與湖潛通往往浮出敗荷殘紅皆湖中物也每泉上吐氣則大雨時見白魚騰躍而上相傳爲異明隆慶間霪雨浸溢池或言方山白龍爲祟御史郜永春爲文以祭又沉鐵牌碟黑犬以厭之尋以鐵甕塞其口是夜大雷雨折山頂塔寺僧云龍移湫去今半

塔突立遇將雨輙聞泉下隱隱水聲云　按蒲州舊志奮漿泉在草坪山張文毅公四維勒詩其上以山頂亙泉爲據其言似誤夫山海水經本謂奮漿在檀道山一則曰有水潛出一則曰發於上而潛於下蓋山澤通氣上爲泉源下爲澤渚理固然也必如方山所云可以當之今草坪下瞰湖尾高深錯互難云潛通又所謂亙泉者僅如今之蒲井迄無他異且檀道之高與二華爭雄其日石壁千尋磻溪萬仞即今之青石掌洪流崖也方嶺雲廻厥頂方平此方山之因名也緇服鹿裘之遊謂靈峯剎院也連木乃陟百梯方降今之百梯村其遺名也借乎文毅之屐至草坪而止使方山之英奮漿之靈不得借鴻筆而發幽沉眞山川之不幸哉若一統志云檀道山在解州南五里中有奮漿泉此耳食之誤不足置辨

瀑布泉　王官谷內天柱峯旁東西二瀑西者尤奇勝方冬泉脈微循崖而流涓涓一綫極冬則氷崖百尺如白虹倒掛至春夏汛溢飛湍直下望之若練水所注處石皆成穴噴珠濺玉夏月遊人數十步外寒氣逼

人誠奇觀也東瀑崖稍曲湍亦差緩崖上著苔匝生歲久皆玲瓏爲石如羊胛狀二瀑經休休亭前合流出谷

靈泉亦出條山觀嶺下世傳李皮囊隱此時夏月山久涸獨坐忽聞人言有頃半溪亂石間隱隱雷鳴泉水奔流比常特異

蘆子泉縣捨峯西北舊志唐中宗時則天后因術士言虞鄉有王氣遂斷竈背岡蘆根出血而止化而爲泉

洗馬泉出洗馬村南世傳晉太子病肝泰使扁鵲來視之太子洗馬於泉北有扁鵲祠

瀵泉縣西三十里吳王渡黃河岸側一統志云其泉有五郃陽有四此有其一異出同源故曰瀵里人因立神淵廟今吳王渡瀵泉一處而在郃陽者則爲王村爲鯉爲東鯉爲渤池爲夏陽凡五處世代沿遠滄桑變更不盡如昔人所言理固有之惟是一統志於郃陽之瀵則又曰其水有三一在臨晉一在同州一在郃陽

其說矛盾誠不可曉

滎河縣

峩嵋坡　城東高四里北連聞喜南貫臨晉形似峩嵋上多平原頗宜種植村落錯居阡陌相望山南諸坡分名曰亞夫俗傳亞夫屯軍其地然無所考曰畨底去城十里通臨晉運城之路曰高村再南爲白馬廟爲師家崖山北諸坡分名曰寺坡曰鳳坡曰舍李曰長坡再北爲后土廟爲孫石崖皆峨嵋一帶或起或伏或大或小形勢相倚聯絡如珠惟后土白馬所立二阜左右相爲拱抱坡內大溝曰百峪小溝無筭焉

靈吉山　縣東南峩嵋坡上一峯獨出爲縣文星

黃河　縣西逼城其流自龍門而下入蒲州水經注曰昔趙簡子沈欒激於此

汾河　縣北后土祠旁西流於黃河今移河津葫蘆灘南入於黃河

瀵魁泉　南趙村洳澤方丈知縣侯祁相地脈掘得之
按爾雅河東汾陰縣有水口如車輪許濆沸湧出其深無限名之曰瀵馮翊郃陽縣復有瀵亦如之相去數里而夾河河中渚上又有一瀵瀵源皆潛通在汾陰者人壅其流以爲陂種稻呼其本出處爲瀵魁水經注瀵水出汾陰縣南四十里西去河三里平地開源濆泉上湧與郃陽瀵夾河中渚上又有一瀵源皆相通其水西南流歷蒲坂西西流注於河

猗氏縣

峩嵋坡　縣北門外東連聞喜西入蒲坂綿亘蜿蜒至縣北一支如掌南行逆結縣治

千佛嶺　縣南八里相傳古浮屠基故名脈自聞喜香山來至縣西香棬村止涑水西流過源頭村將南逆嶺隆起過岸捍之蓋縣治前案也

鳴條岡　縣南三十里自安邑來軀幹委蛇分條布葉繚繞縣南蓋縣治外羅也東望鬱蒼舜陵在焉

涑水河縣南六里合姚暹渠入五姓湖

黑龍潭縣西南二十里廣半畝深丈許居民遇旱禱雨輒應

文波泉縣東北仁壽寺右一泓澄澈自城東遶縣南入涑水時溢縣多科第故名明嘉靖乙卯地震圮閼久未濬舊名文運泉

澤泉縣南門外地故偃豬浸泉成澤四時不涸明萬曆間坡水大至澱澤壅塞泉遂湮

雙璧泉縣西北五里靈巖寺後明萬曆間二泉湧出南流五十餘步後每泉出則邑中父子中進士

萬泉縣

介山縣東十五里亦曰綿山相傳爲介子推隱處水經注曰山可高十餘里上有神廟廟側有靈泉祈祭之日周而不耗世亦謂之子推祠楊雄河東賦曰靈輿安步周流容與以覽於介山嗟文公而愍推兮勤大禹

於龍門晋太康記及地道記與永初記並言子推之逃隱於是山其實非也介推所隱綿山文公環而封之因號其山爲介山杜預曰在河西介休縣者是也今隸靈石界内

黒石山縣東南二十五里其石色青黑剛柔適中可爲碑碣

孤山縣南二里周圍盤踞八十餘里高十五里形勢獨尊不接他山上有法雲檻泉寺其南即猗氏境又山勢綿延亦號綿山

稷王山縣東三十里相傳稷教民稼穡播種於此山巔有后稷廟

峩嵋嶺東起絳州西抵黄河地勢聳翠狀如峩嵋邑境隸其巔

桃花洞孤山南麓前代於洞旁種桃甚多前有巨石高丈餘相傳劉海蟾昇騰處

鵰石崖孤山南峪有鵰常巢育於上

惠民池　縣崇德坊西街北明典史王懋創鑿蓄水以便民有坊曰王公惠民坊今圮

東澗　縣東門外孤山北麓隨地湧泉北流六里許入沙

西澗　縣西門外北流三里許入沙

煖泉　孤山陰秦王寨右數穴湧出隆冬不凍東澗之流此水居半明萬曆間知縣王藎臣鐫曰和豐泉

檻泉　孤山西麓泉旁有寺初建寺無水有白兎入穴掘而得水又名兎泉

聖水泉　孤山之陽旱不竭潦則流

鵰石泉　孤山南峪鵰石崖下南流與聖水合

半截桶泉　孤山陰黃家峪泉如桶形水止不流

河津縣

龍門山縣西北二十五里與陝西韓城梁山並峙大禹所鑿又名禹門夏書曰導河積石至於龍門是也河自西北山峽中來至是山斷河出兩崖壁立形如門闊東西濶八十步而奔濤巨浪日夕衝激爲天下奇觀巖際鐫迹遺功尚存上建禹廟有殿閣亭觀碑咏廟前石碑三所二碑文字黍滅不可復識一碑是太和中立山頂有洞相傳文中子讀書處又沙洲之上有禹穴高不過咫尺雖千尋之波不能侵一抔按禹穴記稱禹治水得黄帝水經於穴中按而行之蓋亦有神助焉然於經無取又見古跡

梁山縣北三十里龍門山北詩云奕奕梁山左傳曰梁山晉望水經注曰昔大禹導河積石疏决梁山今河西對峙者亦名梁山屬韓城似禹未治水之先東西梁山合而爲一故尸子曰龍門未鑿伊闕未闢河出於孟門之上也又春秋時河西屬晉故統言晉望今在韓城者稱梁山在河津者稱紫金山

姑射山縣東北三十里接稷山絳州界

黃頰山 縣東北四十里唐王勣有詩刻石尚存

雙峯山 縣北四十里兩峯並峙

踈屬山 文中子歸隱處枕汾水或曰臨河者非

雲中山 縣西北三十五里高聳雲漢故名

峩嵋嶺 縣南卽汾原與萬泉榮河連境一統志所謂東至太行西入於黃河者是也

黃河 縣西十五里河自積石西南流入塞數轉折東流過雲中西河又南流過吉州至龍門山出西南入榮河境

汾河 縣南八里東自稷山界來西南流至榮河汾陰后土祠下入於河明隆慶四年東徙至胡盧灘入河

遮馬峪泉 縣東北四十里一原坡下

瓜峪泉　縣東北四十里水母廟下　按二泉俱唐長孫恕開鑿詳水利

解州

中條山　州南五里西起蒲州東接太行南跨州之平陸芮城北跨州之安邑夏縣聞喜

檀道山　州南五里與中條連接其下爲檀道谷谷中有盤槃泉不流而止俗呼止渴泉其東有膽礬窟路通河南靈寶縣寶津渡

紫金山　州北二十里舊產人參

峩嵋坡　州東五里鹽池北岸

逍遥坡　州西北二里女鹽池北岸

白徑嶺　州南十五里中條山上雙石壁立左右參天間不容軌名曰石門路通陝州大陽津渡水經注

曰鹽澤南面層山天巖雲秀池谷泉深左右壁立間不容軌謂之石門路出其中名之白徑南通上陽北暨鹽池即此也

分雲嶺州東南三十里中條最高處嶺巔出雲東西分布世傳尸鹽澤者也山頂舊有分雲祠

横嶺州西南三十里即中條山脊與芮城分界其下爲方張溝又東爲堡子谷又東爲仙女洞亦名亞女洞其中積水成潭又名黑龍潭旱禱輒應

噴雪巖州南四里東岫有巖巖水噴出潔白如雪上有洒島字

桃花洞州西南七里昔人見洞旁泛桃花因名洞東三里爲白龍谷東上八里爲直岔嶺少東爲荻子谷又少東爲五龍谷在州南五里

大虎谷仙女洞東十里谷中有將軍堡堡後有鳳凰嘴西過連雲棧至横嶺有陽闗寨寨後亦有膽㦿

竈

觧鹽池 州東二里中條山麓詳見鹽法

女鹽池 州西北三里詳見鹽法

六小池 州西北十五里詳見鹽法

長樂灘 鹽池北七里峩嵋坡陰周圍二十餘里亦生魚

靜林澗 六小池西南十五里源出中條山頂北流經紅臉溝餘流入臨晉涑水灘

張公泉 靜林澗東三里在山谷中遇旱以數十老婦執箕帚禱於廟劚其泉輒得雨

胡村澗 張公泉東五里源出中條山陰又東五里爲桃花澗水出中條山頂又東二里爲小水澗出白龍峪又東一里爲荻子峪水皆北流入女鹽池

大水澗自龍峪東三里出五龍谷噴雪巖之南十餘里北流至城南遶城而西會小水澗入女鹽池

堡子谷水溝大水澗東二里源出中條山北流入鹽池南

金盆水出中條山趨鹽池南溝其東爲關帝祖塋亦名小聖溝又其東有小龍五澗水二郎三郎谷諸水皆出中條山陰北流

姚暹渠水州北十五里見臨晉

安邑縣

中條山縣南二十里說者謂西華岳東太行此山當其中故云中條山海經爲中經條谷之山一名蒼梧山山產梧桐蒼玉竹書曰鳴條有蒼梧山舜崩蒼梧卽此

玉鉤山縣東北十五里峭峯環曲草木菁葱形如玉鉤

栢王山縣東北六十里山多古栢幽雅可人

峩嵋嶺縣北四十五里上多平壤有民居焉

分雲嶺中條最高處與解州接界宋宣和間有成寶公廟今廢

鳴條岡縣北三十里東西帶映勢若游龍有舜陵孟子謂舜卒於鳴條卽此

天井谷風洞上四面陡絕一徑透出山頂

車輞谷分雲嶺東兩山夾路盤礴多奇邑民文進捐資修治今爲坦途

二郎谷車輞谷東山有仙跡中多巖竇古洞

風谷洞縣南二十里分雲嶺西形若半井投葉卽飛其風出則飛沙拔木

鹽風洞風谷洞旁洞口若盆仲夏應候風出聲隆隆然谷口舊有風神祠今廢

虞坂 二郎谷東五里南北孔道石崖險峻車不方軌今名青石槽郎晉荀息假道於虞以代虢伯樂逢騏驥困鹽車處明巡鹽御史張士隆開修

涑水河 縣北三十五里入猗氏唐貞觀中刺史薛萬所開

黑龍潭 縣東南十五里與鹽池相隣深不可測瀦水黑色唐開元間常於此置龍宮

鹽池 條山之陰即解鹽池周穆王漢章帝並幸安邑而觀鹽池

青石泉 縣東南三十里出中條山由青石槽經東郭入黑龍潭

車輞泉 縣南二十里出中條山車輞谷中

湧金泉 縣東南十餘里源出夏縣墻下村入黑龍潭

玉鈎泉 玉鈎山下水光澄澈如鏡一名玉女泉南入姚暹渠

平陽府志　卷之五

野狐泉縣西南十八里鹽池北岸味甚甘列亭榭佳麗一方勝概

淡泉縣西南十六里鹽池北岸池水皆鹹此獨淡

夏縣

中條山縣東五里見蒲州

⿰石建山縣西北七十里石⿰石建里即稷神山之麓

稷王山縣西七十里下有村名蛇虎澗相傳姜嫄棄稷於此虎乳之因名

鳳凰山縣東北四十里有峯秀異世傳鳳凰曾集於此

瑤臺山縣東五里高一里許一名巫咸山商相巫咸巫賢祠墓在山麓天聖宮在巫相祠右孤峯峭拔蒼翠摩空登高俯視一邑山川俱在目前為邑人遊賞地中秋尤盛知縣胡榯建塔於山巔以補邑之文峯

三一六

栢塔山　縣南二十里古栢千株上聳無枝狀似虺蛇中一栢琦瑰磊落獨大於衆曰栢母摇之則地皆動有欲傾之狀亦奇觀也

雲谷山　縣東南三十里數峯高聳盤踞數十里中有大谷谷中雲起則雨

翠巖山　縣東二十餘里一望青翠綿亘數十里北入聞喜界

鳴條岡　縣西二十里北連聞喜南接安邑今名㛃嵋嶺即湯與桀戰之地

栁谷　縣南十五里中條山內唐陽城隱處

巫谷　瑶臺之左白沙河所出

雷公洞　瑶臺山石巖萬栢林中

風洞　栢塔山後嵓中有竅深不可測風自竅中出有聲知縣婁洪命工鑿大其竅遂無風聲

玉溪洞縣東南七里中條山谷間洞深一丈五尺濶一丈俯瞰溪流清淨可愛石巖鑿玉溪二字温公常讀書於此通谷村觀音寺後亦有洞塑公像

礦洞縣東百里温谷里温泉山明嘉靖中一道士寓此識爲銀礦私採煉以自給後漸聞於人河南盧氏諸縣礦徒因來刼取殺人巡鹽御史王竹厓聞於朝隨檄河東守廵僉泒民兵藥箭手以禦之芻餉取辦於邑人加泒三千餘兩爲一邑鉅害甲子歲移平陽府同知李暘谷駐夏以鎮之萬曆十四年夏歲荒河南亡命二千餘人越河盜砂知縣員惟蓁申請調撥官兵迎戰指揮李材被賊綁縛主簿王寵向前陳以利害賊徒驚服扶李材還營復調指揮李世廕等率兵捕討賊始解散後每冬三月添設平陽衛軍兵八百名防護歲以爲常萬曆二十五年差太監張忠駐夏開採至三十三年礦盜益熾乃停採封洞撤回張忠而軍兵防護如故知縣胡栴申請撤兵令省祭官統藥箭手代之民困始蘇焉

古石陴一名將軍嶺即雲谷山之北一峯也嵯峨磥砢難以名狀登此層巒疊嶂鹺海洪河舉在目中上有石洞洞中泉水瀦而復流澄澈可愛

涑水縣西三十里世稱司馬温公曰涑水先生以此

青龍河縣北三十里形勢盤曲如龍會橫洛渠

白沙河一名巫咸河源發中條山巫咸谷經邑南關外西流三十餘里南轉入姚暹渠每夏水驟漲衝決北堤飄沒民居無筭明知縣柳佐高奎程登龍屢行修濬崇禎六年南堤衝決石壓民田永難開墾國朝順治十年北堤復決水入東門城隍廟縣衙俱被浸沒至今河勢流徙無常大爲民害

蓮花池二一在城中西北隅環一頃八十畝一在城東北隅視西池頗小水之有無皆不常值有水時蓮生其中近池民居易被浸毀常穿城西北隅安鐵窗以殺水勢

湧金泉　縣西南十五里西入安邑黑龍潭鹽池得此水始結鹽

李綽堰水　在縣南源出平陸至本縣巫谷口而出北流合本縣史家谷雕崖溝等水至卓義橋會為一西轉三里名為姚暹渠下流南轉會巫咸河至五姓湖

聞喜縣

中條山　縣南六十里西界夏縣東界垣曲在邑境者廣袤皆四十餘里物產頗多雲興則為雨候晴則望之如翠屏餘詳蒲州

湯山　縣東南四十里為中條最高峯上有湯廟湫池禱雨多應俗呼為湯王山又名湯寨

景山　隋地理志聞喜有景山與三嵕山皆中條支山水經注曰涑水又與景水合景水出景山北谷山海經曰景山南望鹽販之澤北望少澤其草多藷藇秦椒其陰多赭其陽多玉郭景純曰鹽販之澤即今解鹽池

也按經不言有水今有水焉西北流注於涑水也少澤今無考通志云景山卽湯山

紫金山縣東七十里接曲沃絳縣界爲邑來龍

三嵕山司馬長卿上林賦云凌三嵕之危郭璞三蒼注曰三嵕山在聞喜今縣東五十里有焦山高與湯寨等爲邑巨鎭三嵕之危或此

鷄鳴山裴氏家譜鳳凰原墳地西至鷄鳴山

香山縣東南三里上有白衣殿文昌祠裴晉公祠三塔鼎峙爲邑文峯又前丘村嶺一塔名文筆峯

紫屏山縣東四十里姚村後山列如屏其色紫因名俗稱六老峯

稷王山縣西北五十里與稷山縣接界后稷始播百穀於此陵廟在焉稷山主之姜嫄墓廟聞喜主之左傳晉侯治兵於稷杜預註在今聞喜縣

栢林山縣西三十里栢林村後石岩蒼翠下爲疊水崖再入爲蓊峪蓮葦清幽

觀音山縣南九十里劉莊冶一峯突出下細上巨玲瓏垂懸類觀音座後山其下有洞洞前巨石形似蟾蜍昂首朝之

天皇頂縣北十五里自五龍廟一線過峽突起圓頂高出衆巒之上爲邑少祖山又俗名天王臺下即大石窖取石致傷龍脉明崇禎間知縣劉芳久禁閉

蠶姑峯湯山西尖秀爲邑文峯上有蠶姑塔

瑶光峯縣南四十里宋家莊後俗名城隍寺上有塔尖秀與夏縣瑶臺相望

峨嵋嶺從紫金山發脉兀突延袤自東而北而西上爲清原晉城在焉四圍丘隴中爲平原其廣五十餘里土厚宜藝五穀北瞰絳州西接稷山南臨安邑勢如初月彎弓然

秦王嶺湯山東相傳唐太宗屯兵處樵者往往得銅箭鏃甚巨

盤盤嶺亦名盤盤山縣南五十里秦王嶺東以盤旋而上故名

横嶺亦名横山縣東南九十里接垣曲界山脊横亘下有三泉出白石俗名白石河

呂巖縣西二十里呂莊東澗石罅清泉極類醉翁亭

鳳凰原縣東六十里爲裴氏祖塋

鐵牛峪縣南三十里泉石幽絕中有興國寺唐僧智旻住錫處相傳山有鐵牛流河中因名

乾河縣東四十里史記伐韓到乾河山海經曰教山教水出焉是水冬乾夏流實惟乾河註聞喜縣北有乾河因名乾河里今無里名按水經河水又東與教水合注云出垣縣北教山然教山當在聞喜絳縣垣曲之界註又云歷鼓鐘川分爲二一水西北出一百六十許里山岫廻岨纔通馬步今聞喜縣東北谷口猶有乾河

里故溝存焉一水歷冶官西合伏流水自垣縣南入河文翔鳳曰聞喜教山教水之區謂此也

涑水 源出絳縣大陰山陳村峪伏流至鄉莊復出與洮水景水沙渠水會爲一西流經縣南門外灣曲而西歷夏縣安邑猗氏臨晉入五姓湖過蒲州孟盟橋入黄河智伯曰絳水可以灌安邑水經注曰汾水灌平陽或亦有之絳水灌安邑未識所由也今考其勢當謂此水以源於絳亦稱絳水也翟鳳翥曰涑者水生練也謂水之文也東也諸水至此合也聞喜故曲沃地曲曲也沃沃也水繞縣東南十數曲曲多沃壤晉饒強邑故名曲沃

洮水 縣東六十里水經注曰水源東出清野山世人以謂清襄山也其水東大嶺下西流出謂之唅口又曰涑水至周陽與洮水合子產對晉平公曰臺駘汾洮之神也司馬彪曰洮水出聞喜縣故王莽以縣爲洮亭然則涑水殆亦洮之兼稱乎按此自横水來者涑水自磨里來者洮水也合而爲一所以涑水有洮水之稱也

沙渠水　源出縣東南五十里白石村會南山諸水灌田十餘村至呂莊與涑水合見水經注卽景水

董泊　縣東四十里卽舜時董父豢龍所也又名豢龍池宜植蓮稻舊有觀蓮亭上爲董父廟裴晉公湖園趙忠簡公董澤書院皆在焉　國朝康熙癸卯蓮有一莖四並頭之異水經注曰涑水西逕董澤陂南卽古池也東西四里南北三里春秋文公六年蒐於董澤卽斯澤也

秦王澗　縣南四十里冀陽川相傳秦王與敬德叔寶三跳處

勝水溝　縣南四十里栢樊底水出崖間附草而下亂滴澗中如百鈴聲沿溪而上卽郭璞洞

甘泉　縣東北三十里東鎭北黑龍溝味甘昔縣鎭皆受名焉南入涑水隋移縣治於甘谷卽此上有黑龍廟禱雨多應見水利

暖泉　縣東南三十里王村水冬暖宜稻

溫泉 縣東四十里官莊村又胡村水相隣皆冬溫即泊泉

冷泉 縣東四十五里胡村西水夏冷

黃蘆泉 縣東五十里黃蘆莊以地產黃蘆得名見水利

野狐泉 縣北二十里深谷中相傳有狐避射至此入穴泉出南流合戶頭杜村二泉舊志李汝寬曰乃白土溝之上游北枕高阜下臨巨壑石崖壁立如虎嵎又如牛伏石上古栢數十株拳曲龍鍾不可形狀下有石如盆泉湧如螺上有雲泉觀甃底可藏萬馬水口不容一舟觀前有蓮池榴亭邑之勝景也見水利

馬跑泉 縣美陽鄉世傳秦王飲馬於此 按舊府志霍州亦有焉二處皆太宗經戰地事或有之

玉蓮泉 縣東二十五里川口南澗舊有蓮池上爲白蓮寺

姚村泉 縣南三十里姚村見水利

瀑布　縣西三十里栢林村後俗名疊水崖水自山峽中三疊而下

平陸縣

中條山　縣北四十五里壯麗崔巍勢雄嵩華一邑形勝此其大者詳蒲州

分雲山　縣西北四十里中條之一峯也層巒峻岫走霧分雲視諸山獨爲欹嶔尋幽眺遠或有取焉但路絕羊腸不易升也

清凉山　縣東北六十里乃中條一脉晉執虞公於此其絕頂曠濶四望無際俗謂四州圪塔蓋蒲解絳陜皆可目及也

箕山　縣東九十里盤折危聳形勢如箕相傳堯時許由隱此有墓在焉太史公曰余登箕山其上蓋有許由塚云下有清潤卽由洗耳處東有白玉竅號錫窟按一統志北直行唐縣河南登封縣俱有箕山

吳山縣北五里中條山之支其山高平上皆民田南麓有吳泰伯廟蓋虞仲封此並祀泰伯故以吳稱焉

錐子山縣東九十里孤峯峻峙其狀如錐

三門山縣東五十里黃河中水經云禹鑿河道三門旣決謂之三門史記正義曰禹鑿此山三道河水故曰三門也綱目山有三門禹鑿以通南曰鬼門中曰神門北曰人門故謂之三門集津前提學副使陳棐遊此以爲勝覽因大書題其壁曰宇內大觀九年底績萬世永賴千尋丹碧萬古風雷諸題咏見藝文

砥柱峯在三門東迤南黃河中流孤峯峭立斷壁巉嶮高數仞石形如柱故名禹貢東至於砥柱卽此也孔安國曰砥柱山河水分流包山而過石見水中若柱然也通志載搜神記古冶子事殊無取焉

橫嶺縣北四十五里中條之脊西通解州東達夏縣南北自縣至運司一百里名車輞峪舊行鹽車今徑險仄不可行較青石槽稍近

傅巖　縣東二十五里地名隱賢社卽傅說版築處蒼崖翠壑曲折廻巒聖人之居自不同也唐呂温有銘

黃河　南門外又東北古焦國側水勢激湍水經注曰河水湧起方數十丈有物居水中父老云銅翁仲所投處又云石虎載經於此沉没二物並存水所以湧

三汊澗　縣北五里中條山東西二溝流與澗合故名

沙澗　縣東二十里傅巖前水經注曰沙澗水出虞山東南逕傅巖歷傅說隱室前俗名之爲聖人窟孔安國傳傅說隱於虞虢之間卽此處也

聖人澗　縣東二十里其源至馬跑泉湧出夾岸石嵌二泉相向合流旋遶傅岩南入於河有傅說祠

盤南澗　縣東十里源出中條山由石槽溝南下至盤南東入於河

馬頭澗　縣北四十五里中條山麓其地危峯聳立兩谷二源環麓合流以出形肖像因名

五股泉　縣北一里許其水寒冽夏月人多賴之

清澗　縣東六十里箕山之西即巢由洗耳處

張谷澗　縣西二十里張峪村東

圪塔澗　縣西二十五里圪塔村東

南侯澗　縣西四十里南侯村東

儀家溝　縣西五十里岳村右

芮城縣

中條山　縣北十五里高二十里見蒲州

丼棗山　縣東北三十五里今名刺林溝

方山　縣西北三十里峯巒高峻可與二華爭雄

太峯　在方山東

百二十盤　縣北山之陰石磴盤旋而下故云其徑北達臨晋郇唐司空圖所隱王官谷也

直谷嶺　縣東北六十里并棗山東今名横嶺中條山巔之路通南北孔道但徑險人稀盜時竊發行人苦之　國朝順治十八年知縣王自修申請撥兵防守過客恃以無恐焉

壇道嶺　直谷嶺東　以上皆中條山之分名也

水谷　縣西北二十五里爲八景之一

石鐘洞　縣東北三十里石鐘真人修鍊之所頂懸一石如鐘水注其下旱禱雨多應

青龍洞　縣北山中內有泉亦名青龍泉遇旱禱雨處

黃河　縣南二十里自蒲州南下至潼關東折過縣境入平陸經砥柱達孟津

恭水　源出茸棗山卽今朱呂溝水流入黃河

葡萄澗　縣西二十里鄭村有泉五眼俗謂五股泉南流入於河見一統志

通澤泉　縣東八里古魏城西北合地皇泉一渠溉田伏流入沙

龍泉　縣北七十里古魏城中上有五龍祠見一統志

茸泉　縣北六十五里北山嶺上

輿視泉　縣東北二十二里北山石巖下流出相傳魏文侯率三軍自安邑至此衆渴甚文侯默視以鞭指示乃得泉

洹泉　縣東北三十五里源出中條山清凉寺古洞中卽儀家溝水俗謂連搭溝水經注曰河北縣有洹水

洹津其水南入於河河水故有洹津之名穆天子傳曰天子自㝠軨乃次於洹水之陽丁亥入於南鄭或謂之堰鄉澗水也

絳州

姑射山州西北四十里南華經云堯見四子藐姑射之山窅然喪其天下焉即此見臨汾

馬首山俗名馬頭山州西北四十里與姑射隔一峪史記趙盾田於首山爲此上有龍祠禱雨輒應

九原山州北二十里趙文子與叔譽觀於九原晉大夫墓地也山產芫花

鼓山即鼓堆城西北二十五里周圍四里高五丈穹窿而圓狀如覆釜人馬踐履有聲故以鼓名下有泉池唐高祖克霍邑進攻臨汾郡犒軍宿山上溫大雅大唐創業起居注曰庚寅宿於絳郡西北之鼓山帝爲討捕大使時舊停營所故逗而宿焉去絳二十餘里絳城不下是日曉鼓山西北有大浮雲色或紫或赤似華蓋

樓闕之形須臾有暴風吹來向營而臨帝所居帳上帝指絳城而謂傍侍曰風雲如此彼何不達之甚辛卯帝觀兵於絳取之朝食於正平縣令之宅

峩嵋山 州二十里迤邐夏縣聞喜猗氏臨晉榮河諸縣西抵黃河東臨曲沃

汾河 州南門外繞城下稷山

澮水 州南五里出翼城縣澮高山西南過絳縣與絳水合西過虒祁宮又西南至州橫橋入汾

龍谷水 州東北十八里左傳龍見絳郊即此

王澤 州南五里橫橋村水經澮水至王橋入於汾注云晉智伯瑤攻趙襄子襄子奔保晉陽原過後至遇三人於此澤自帶以下不見持竹二節與原過曰爲我遺無卹原過受之按此橫橋即王橋其灘即王澤也

鼓堆泉 州北二十五里源出九原山泉上有堆如覆釜形履之聲如鼓其泉有清灰二泓環遶乎惠聖

母祠匯於祠南俗名神泓下流入州城詳水利

稷山縣

稷神山　縣南五十里后稷始播穀於此有陵廟水經注曰在汾水南四十里許山東西二十里南北三十里高十三里西去介山十五里山上稷祠山下稷亭春秋宣公十五年秦桓公治兵於稷是也接萬泉安邑夏縣聞喜縣界

姑射山　縣北二十里上有姑射洞其山石壁巉岩峯巒聳秀雨霽嵐光足稱奇勝

崑崙山　縣西北三里上有孝子廟

聖王山　縣北三十里危峯聳峭迥出群山

紫金山　縣西北三十里中有文中子洞相傳爲文中子隱居之所

馬頭山　縣東北三十里狀如馬首見絳州

僊掌峯　在紫金山上有掌痕承月之狀

蛾眉嶺　縣南四十里見絳州

汾河　縣南二里見臨汾

碧水泉　加家莊康熙六年知縣孟孔脉開渠導葫蘆泉水南向遶文星臺前折而西與碧水泉會碧水泉由城西后土廟右南至老垈折而東合葫蘆泉同歸於汾

絳縣

絳山　縣西北二十里草木不生土色皆赤縣以此得名又曰紫金山產鐵

太陰山　縣東南十里崖壁峭絕陽景不到

太行山縣東二十里高險峭麗西北諸山多其支脉

横嶺山縣南四十里山形直截亦名横嶺關有廵檢司

湫池山縣南十五里上有湫池龍王祠

華池山縣東十五里上有華池龍王祠春秋報賽十有餘處

存雲嶺縣南三十里又名鳳凰山有姜嫄塚建廟歲時有司致祭

冷口峪縣南十五里峪中四時多風雖盛暑猶寒

陳村峪縣東南十五里出太陰中條兩山間帶溪水發源處也又通垣曲縣界

沙峪縣東三十里壁峯峭絶

河王峪縣東三十里通沁水縣界

續魯峪　縣東五十里亦通沁水縣界

絳水　縣西溝中源出至楊村灌田西流入聞喜即涑水上流也智伯所謂絳水可以灌安邑者即此

沸水　縣北十五里絳山下流入曲沃縣

涑水　縣東南十五里源出自陳村峪出伏流地中至柳莊復出居民灌田西流至溝入聞喜

澮水　縣東北四十五里源出大交鎮東流至鎮西與故郡水合至絳州入於汾

帶溪水　縣東南二十里陳村峪諸峯間約四五里出村西周廻瀠遶若環帶然自宋元暨明常導水通渠至城沿久廢壞

故郡水　縣東北四十里源方二畝其深不測入澮水

逆溝水　縣東八里泉自溝中北流入曲沃境

玉龍泉　縣東五十里東賀水村

馬跑泉　縣西十里楊村雖旱不涸潦亦不流旁有太陰將軍祠

拔劍泉　縣東四十里晉峪俗傳晉文公至此憩息竪劍於地拔而得泉

聖水　縣西十里楊村魏太康間里人楊斛因耕田水湧三泉甜苦不一有疾者飲之常愈每汲一泉餘泉輒動

垣曲縣

太行山　縣北八十里俗名鋸齒山北抵陽城延袤八十餘里茂林森秀形勢巍峩

諸馮山　縣北五十里山明水秀孟子所云舜生處

歷山　諸馮山後山頭平廣俗名舜王坪即舜耕處東西南北各十里迄今荆棘不生上有石碌碡數百下

有舜井及娥皇女英祠

瞽塚山　縣北五十里一云鳴條山瞽瞍葬此今塚墓尚存俗名鼓鐘山相傳昔有金牛入洞人駭異投石擊洞中水出即興雲雨石上尚有牛跡後凡遇旱投石雨亦應因建金牛龍神祠水經注曰山海經曰鼓鐘之山帝臺之所以觴百神即是山也

三堆山　縣北八十里方廣五十里餘多產藥材

折腰山　縣北七十里古傳有銅礦洞鑿久脊摧

三錐山　縣北六十里三山峯如錐

牛心山　縣北四十里狀類牛心

懸泉山　縣西北六十里縣岡發脈於此爲邑太祖山

蘑菇山縣北三十里縣岡脈經過於此爲邑少祖山

佛山縣北三十里上有古刹因名

寨子山縣北三十里世傳金兵亂十八村人避兵於此見有神呵護保全無虞至今輪流祭享

華綠山縣西北五十里

王屋山縣東北六十里山勢巍峩東抵濟源

濟源山縣東北十餘里遥連王屋天壇濟水發源於此

鳳凰山縣東里許狀如飛鳳上有玉皇廟爲縣治龍煞

中條山縣西南九十里迤邐至郭南里許爲條山之尾拱向縣治爲案下臨黄河上有洪慶觀又建觀河亭餘見蒲州

黛眉山　縣東南黃河南岸嵯峨秀麗矗漢浮雲望之如畫圖又如錦屏

獅子山　黃河南岸狀如獅子蹲踞掉尾河干

掛榜山　黃河南爲縣治外案

鷄籠山　縣西南三里上有天神廟爲邑虎煞

鷹嘴山　縣西南五十里上有玉皇廟巍峩壯麗黃河遶其下

虎兒山　縣西四十里近古青廉城上有風洞世傳爲宋將楊宗保採穴處

墨山　縣西五十里俗傳晉王右軍讀書於此墨跡徧山雨流染墨

椅山　縣西七十里上有聖母廟

歪頭山　縣西南七十里上有古刹登巔遠眺可望聞夏二邑

風山縣西六十里爲横嶺關入口處其地多風上建玉皇關帝二廟

轉山縣西七十里遥連横嶺山多廻轉曲折

横嶺山縣西八十里嶺上分界東垣西絳爲晋要隘背有横嶺關

牧馬坪縣西上亳城世傳湯牧馬處

白雲洞縣北一百二十里深二丈許内有石鐘郎白雲子修仙處

風化嶺縣西五里小趙村

風翻嶺縣西五里小趙村北

趙家嶺縣西南十里居民甚衆

皐落嶺縣西北四十里古東山皐落氏舊址

鞍子嶺　皐落西一里

栢廟嶺　縣西北三十里

聖人嶺　縣西北七十里上有蘑菰神廟

火石嶺　縣西北九十里

神嶺　縣北二十五里墱坂村

黃河　縣東南里許河九曲此爲一曲上有龍門下抵孟津狂瀾有聲水面浮泥元至正十一年河清於此

沇水河　縣東半里許爲濟河支流其性見伏不常南流入黃河一名湛水按通志云湛水出河内軹縣舊名舜清河知縣董爾性鑿石開渠有董公渠記

亳清河　縣南數武發源横嶺山下由關店河順流而東經郭南入黃河每値大雨狂瀾淜湃濵河田地

多被衝壞至與黄河交會泛漲浸城尤爲巨害明萬曆間築石堤護城以防水患有石堤記

闗店河　縣西五十里

沙金河　縣西六十里

板澗河　縣西南三十里

園子河　縣西北二十五里

清水河　縣西南五十里

白澗河　縣西五十里

西泉　城内西南隅水盛味甘居民利之

凝碧泉　縣北十里峪子村俗名消瓔泉見景説上有龍王祠遇旱禱雨屢應

金瀾泉　縣北四十里晉塚村詳見景說

帝鄉泉　縣北四十里在舜生之鄉故名

滴水泉　二一縣北里許明崇禎八年邑令段公上建龍王廟一縣四十里下亳村南懸崖丈餘滴水如雨禱雨多應

孝子泉　縣西里許從未有泉因孝子廬墓湧出故名

馬跑泉　三一北羊里一平原里一下亳里

王公泉　縣西二十里王茅鎮

五龍泉　縣西二十五里世傳有不孝婦浣其姑衣毀詈其姑時有白羊自泉湧出化爲五龍立裂其婦上建五龍祠

清水泉　縣西南三里辛庄村

白馬泉　縣西北六十里上王村

懸泉　縣西北六十里在懸泉山腰

㷗泉二　一在縣北墱坂村一在縣西王茅鎮

連莊澗　縣北峪子村

五虎澗　縣西南五十里明嘉靖間置武官於此防礦徒今廢

白水澗　縣西下亳村東

華露澗　縣西北五十里回村

火星澗　縣西四十里

藕家凋縣西三十里

板澗縣西南五十里

黑龍潭二一縣西三十里南庄村歲旱禱雨輒應居民祠祀一縣西十五里柳庄村

霍州

霍山州東南三十里一名太岳南接趙城北跨靈石東抵沁源古冀州鎮見趙城

觀堆峯霍山西形勢突兀松栢蔚然上有宜覲真君祠即遺趙襄子朱書及爲唐太宗導兵克霍邑者

後人集木於南麓將立廟夜聞有呼各村食牛聲至鷄鳴牛悉自逸出久之復歸比曉視之前所集木盡移山巔矣土人即廟祀之

金鞍嶺州南十里唐太宗息馬卸鞍處

蛤蟆嶺州東北五十里即賈胡堡與靈石接界嶺勢巍峩屹立山表每日將暮群阜深黑此嶺獨受返照青紫萬状絢采可觀

聖佛崖州西南十五里汾水東岸上有石佛大小千餘

義城谷州東南三十里中出水西流溉田

陶唐谷州東三十里帝堯避暑處水聲山色林皋環蔚四時皆可登眺

石鼻谷州南五里許即聶水之源跨溪入谷行數里有朝陽洞風日凝聚冬不甚寒道人尚青山任素鉦相繼解脫於此

鑾鈴原州南十里唐太宗過此掛鈴於樹上

鵠掌凹霍山中即妖蛛與龍鬭之所

汾河　經城西下趙村

晁水　州南霍山下西流經城南入於汾又州東八里大張村有古魚池引爲渠十里丘家崖有張丘泉俱經城南合晁水入汾水經注曰晁水出太岳山禹貢所謂岳陽也卽霍太山

方池　州南十五里郭莊村興國寺下有池幾畝許深邃清洌群魚游躍其中

龍池溝　州東北三里溝上有龍王祠林宇峻容下有泉數泓旱禱輒應相傳有龍蟠其間

玉泉　陶唐谷半山間水出如玉因以爲名

打鼓泉　霍山自山頂而下注地如鼓聲

圓泉　州東十五里陰地村西入於汾

轟轟淵　源出汾西縣東十五里有淵逸眞人祠流經城西入汾水聲如雷

吉州

孟門山州西七十里山海經曰孟門之山其上多金玉其下多黄堊涅石淮南子曰龍門未闢呂梁未鑿河出孟門之上即此山也穆天子傳曰北登孟門九河之蹬水經注曰孟門即龍門之上口也

壺口山州西七十里禹貢曰冀州既載壺口又曰壺口雷首至於太岳蓋河勢北來至此全傾於西崖奔放而下約五六百尺懸注漩窩如一壺然

吉山州舊城半枕山麓相傳自古不被兵擾

庖山州北三十里迤北而上又三十里至絕頂上建伏羲廟相傳伏羲爲人祖名人祖山舊碑傳爲庖羲氏故宫

風山州北九十里上有穴如輪風氣蕭瑟又名孔明山下有寺

錦屏山州半里許乃州前案也山花爛熳草木葱蔚宛然如錦屏相傳尉遲敬德從征過此曾掛甲其巔又名掛甲山上有晉文公祠兵亂之後毀圮無存知州南鵬重建

壽山州西南花木芳菲半山中有觀音洞洞西有一山層次如級名曰九龍堰

高祖山州西三十里峯巒奇秀與人祖山相雄峙舊有漢高祖廟

管頭山州西北三十里接連高祖山樹木深峪數十里內有六甲土地神廟最爲靈應

高田山州東一百里高出天半上有真武廟

黃河自塞外來經州境南流

清水河州北流經州南數十步合山間諸水東南流五十里入於黃河

小水河凡四一在東門外環門横流入清水河一在州東經三官廟前流入清水河一在錦屏壽山之

峽流入清水河一在州西五里蒲峪

寬靜河　卽鄂水也由寬靜村西流五十里入於黄河

縣底河　源出於高田山下經桑河窰頭回公諸村流入於大寧縣河内

明珠川　州東一百里傳有明珠照耀滿川後爲異人所獲

南澗　州南西流入於黄河

井泉　州西街深八尺見水利

飲馬泉　州東文廟前兩泉涓涓從石孔中湧出流入州南清水河相傳尉遲敬德曾飲馬於此

鄉寧縣

栢山　縣東十五里孤峯聳秀蒼栢堆翠望之若虬龍上有荀息廟

岱山縣東十里上有東岳廟

鄂山縣東三十里平原突兀峰嶂巑屼鄂侯之封以此名焉

高天山縣東四十里嵂崒峻絕高出群山其上常繞以雲氣

尖山縣南二十里孤峯特出上有廉頗祠

林山縣西南三十里上有白起廟

馬頭山縣南八十里形若馬首上有黃龍洞

塔子山縣西南一百里峯巒盤錯侵薄雲物上有雲中寺石塔

兩乳山縣西南七十里雙峯特出故名

雲丘山縣南九十里古有真武廟今修五龍宮

香爐崖　縣西一百里以形肖名

青石峽　縣西南一百里巉削峭厲屈曲如犬牙相交

谿都峪　縣東一百三十五里即官水峪詳水利

三官峪　縣東南通太平縣界

石門峪　縣南由東郊村通絳州界

安分峪　縣東南有靈岩寺通絳州稷山界

馬壁峪　縣東南內有劍泉由五龍宫通絳州界

莊頭峪　縣南有馬跑泉通稷山縣界

柔平峪　縣南由郭家集通稷山縣界

雙栢朴峪　縣西南有滴水崖文中子洞通稷山縣界

龎統峪　縣西南通河津縣界

鄂水　縣東三十里源出鄂山陰流經縣城南與羅峪水合西流至縣西北境八十里師家灘入黃河

羅峪河　縣東北三十里源出高天山流至縣城東北繞城東南與鄂水合入黃河

暖泉　城東門外百步許水冬不凍南入鄂水

劍泉　縣東南俗傳唐太宗以劍斫山泉隨湧出入馬壁峪

馬跑泉　縣東南八十里流入莊頭峪

温泉　城南半里許高山之陽湛然深碧沍寒弗凝泓山麓西流茂樹森踈與二三茅屋交錯殊有雲中鷄犬之况知縣張季霖作亭其上有記

白雲泉出南山昭遠寺側白雲洞佛龕下淵澄秀徹渟瀦不竭洞中石壁鏤佛像奇古似秦漢以上物歲旱步禱芇雨屢應知縣張聯箕書聯榜其洞口曰洞涵潭影霏靈雨佛振潮音湧白雲蓋以紀其實云

隰州

五鹿山州東南七十里高八里盤踞十里上有五鹿大夫廟

妙樓山州北七十里高五里盤踞二十里有石巖甚高廣內有石寶寺前有龍池後有泉竇冬夏弗竭禱雨輙應

石馬山州東北六十里其形如馬

蒲子山州東北五十里高五里相傳堯之師蒲伊子隱處漢以此名縣

石秀才山州東北六十里望之如儒生拱揖之狀

白衣山州東三十五里高七里盤踞二十里昔有白衣居士藏修於此

飲馬山州東九十里高四里盤踞七里怪石之中噴玉翻雲漢文帝自代過此飲馬焉生草如韭可食

紫荊山州東七十里山極高峻登其巔可望五百餘里上有寺廟東有紫荊寨並石窖可以避兵

海架山州北十五里上有真武廟銅身高一丈二尺

堆金山州東一里許形如金字上有文昌祠

暖水窊山州東六十里懸崖峭壁古木槎枒三面豁然爽人心目半山有泉出石竇中傍有古刹緇流引水激碓直入厨中

昇仙洞山州西北六十里高二里許上有昇仙洞深窈莫測世傳常聞仙樂

慈母山州東北五十里出柴木樵人多伐之

下堊山　州東北五十里出木炭

暖占山　州北五十五里

神峪山　州北五十里

百花山　州北一百三十里温泉之南相傳山多異葩今居民墾以爲田而花事岑寂矣

水簾洞　州西北七十里懸崖瀑布望之若簾洞内石穴穿開有石燕翺飛而出

紫川　出州西南山谷間過州城作城大寧馬鬬關入黄河兩崖不生草木水底不産鱗族岸石皆紫故名

降龍溝　州東北昔有二龍相鬬神人降之故名

龍子湫　一名瀑布泉州南十里山谷間西南入昕川常有龍見因建祠焉禱雨卽應宋崇寧三年勅賜廣濟廟大觀四年封順民侯明封爲龍子湫之神

明月泉州北八里其東石壁蒼黑中有白石光瑩如月照水

大寧縣

孔山縣西北三十里高插雲霄壁立如笏迤西另起一峯有孔相傳時時風聲鼓盪亦名風水山水經注曰北屈縣故城西四十里有風山上有穴如輪風氣蕭瑟習習不止唐時有馬鬬關

翠微山城南數百步昕川繞麓而流高踰千仞橫亘里許松栢森秀望之蒼翠媚人

捕狐山縣北三十里孔山之東狐邑治之祖龍也相傳山舊多狐晉獻公常捕狐於此

屈山城西南隅二里形勢屈曲廻抱昕水至此逆而西流

石子山縣西南四十里山勢嵯峨草木叢密人跡不到世傳石姓子爵衛大夫碏之後廟食於此又名小石山

筆架山城西南三峯竦起爲邑文峯宋太祖建筆峯寺於上

龍泉山城之東北舊名東山因修治大清觀改今名捕狐之支也高二里許以石戴土温潤不峭急巔有臺榭老松蔚然雅具奇觀

鎮關山縣西七十五里西臨馬鬬關因名

孟門山縣西馬鬬關之南三十里見吉州

壺口馬鬬關南二十里孟門之上形勢如壺黄河之水盡注於中見吉州

龍窩洞縣南二里翠微山之南丹壁嶙峋高可百尺上有巖深廣各丈餘石際隆起宛如龍形

氷玉洞城南屈山之澗深邃莫窮其際澗水冬結爲氷光瑩似玉入夏猶有存者又名龍窩

黄河縣西七十五里馬鬬關控帶諸山爲邑西之扼塞南達孟門壺口接吉州界

義亭川源出姑射山之金剛嶺轉流而北會蔡家川至翠微左麓合晰川西入於河又名羊求川

晰川一自東北隰州曰紫川一自正東蒲縣曰蒲川一自正北曰羊求川會於城東三十里爲晰川南經翠微山麓合義亭川西入於河

白馬掃縣西四十里桑峩村晰川所經處險石對峙水勢湍激淵深莫測相傳有白馬出沒石印蹄跡尚存或曰此地在晋時多產良馬亦名屈產泉

梵王掃縣西十里阜城寨之下石峽巉巖川流溯湃晰河西流水勢飛濺洶湧若箒之掃上覘懸壁石龕中有梵王肖像在焉

聖水泉縣西北三十里孔山禪峯寺之東有石洞深廣並三尺餘懸崖之上清泉流注匯爲碧池常盈不竭遇旱禱雨輙應

永和縣

烏龍山縣西南四十五里高五里盤踞七里巨栢參天不可數計北齊河清三年有烏龍見於此其頂多神祠碑記古栢經前任伐盡康熙間知縣王爾楫復加培植居民謌之

佶北山縣東北三十五里高八里盤踞十二里舊有佶北神廟

雙山縣東南二十五里高七里經過十五里兩峯對峙上有神廟高頂中有石佛路最險隘多警

北樓山縣東南三十五里高三里盤踞五里唐置樓山縣以此

南樓山縣南六十里高五里盤踞三里與北樓山相對其形如樓

捕狐山縣東南七十里高五里經過七里上有捕狐神廟

馬脊山縣西四十里其形如馬亦名馬頭山

臥牛山　縣南四十里以形肖名

烈鳳山　縣西十五里勢如鳳之飛揚

龍岩　縣南七十里有寺宋太祖避世於此

香巖　縣西北七十里有寺頂有清泉流入僧房

仙芝谷　縣東北五里谷中常產芝草

黃河　縣西南七十里北自石樓至本縣南入大寧

仙芝河　水出仙芝谷西南流諸水入黃河

丼露河　縣西南二十里流會仙芝河

靈液泉　縣東城下舊碑云北齊河清二年有龍躍自泉中因立祠池上旁有井亦名靈液

五花泉縣西門外北齊時有龍自泉中出其泉流入仙芝河卽今官河見一統志

龍洞泉縣北五里入榆林河

橐佗川縣東北三十五里西入芝河

榆林川縣西北三十里南入芝河

蓮池縣東隅蓮花甚盛足供遊賞名人題咏甚多

平陽府志卷之六

關津

古者列國各守其疆故山林川澤皆有禁守惟節乃達戒不虞也郡縣以來天下一家無私民土矣而詰奸宄禦強暴法不可弛山隘水阻大者置兵小者置吏一郡之內星羅碁布蓋猶古者司險之遺意與至若通達道路掌於合方橋梁弗修春秋必書往來病涉實關政之大者未可援塞藩止行以爲解也作關津志

臨汾縣

分水嶺　城西北姑射山西接蒲縣界舊有關今廢

西橋渡　城西門外二里每夏秋汾水漲溢人以舟渡時將寒沍則造橋以便往來官橋外有善橋義橋

加泉渡　城西汾河上　吳村渡　城西汾河上

永利橋　城明德坊永利池上明洪武間知府徐鏵建　公濟橋　城北五里明嘉靖五年知府王溱建即高河橋　金店橋　城西二十四里元天曆二年邑民石成修　雲津橋　城西南二十五里平水神祠前清音亭畔　盧僧橋　東關西北門外明弘治間本僧建因名　三氏橋　北關外明嘉靖間典史解廷玉生員陳道中續孟初三人建　吳村橋　城北二十五里明弘治間建

襄陵縣

太平關　縣西南三十五里太平縣北二十五里舊名故關鎮

郭村渡縣東門外汾河上　北陳渡縣東南五里　李村渡縣南十五里

大陳渡縣南二十五里　以上俱渡汾水

晉橋北門外晉水上宋嘉祐六年建明萬曆癸丑水漲衝毀甲寅知縣馬逢皐重修　高石橋縣北二里接臨汾界　遺愛橋縣東南十五里元大德六年里人鄧莊鄧貞等建世傳晉鄧攸嘗建後人思之故名　龍飛橋縣西南二十里龍鬭峪龍尉祠前元貞二年建　我山橋在龍尉峪明隆慶元年知縣宋之韓建　飛虹橋縣南三十里義店村元至大中建衆木攢成不見斧痕俗呼魯班橋

故關橋縣西南明正德間建

洪洞縣

惠遠橋縣北五里官莊西南爲南北通衢金大德二年邑人請僧文妙募建明洪武天順間知縣楊茂

程章俱復修正德四年邑人李廷秀僧達連甃以石嘉靖七年邑人鄭讓僧悟秀復修羊獅橋縣南二十五里羊獅村明萬曆間知縣熊鎡修大石橋縣西十里公孫村西南弘濟橋縣東七里明嘉靖十二年建久廢國朝康熙三十一年知縣鄧嵃重建濟川橋縣西二里即汾河橋通駟橋縣南門外一里即澗河橋歷來濟川通駟二橋秋冬時令里民納木蓋橋歲蓋歲納明萬曆間知縣喬因羽將拆木籍藏下年復用民甚便之聚瑞橋城南百餘步明崇禎十年知縣楊天精建國朝順治十五年知縣趙三長朱璘俱增修汾川善人橋縣西二里許明萬曆中鄉民尚天福等募建國朝順治十六年鄉民師邦勝等復募建三橋羅漢院一公孫一堰頭一勒有碑記

浮山縣

廣濟橋縣北門外南畔橋縣南二十五里知縣楊逢春重修趙莊橋縣西十里

大口橋縣東北三里　剌廟橋縣東十里

趙城縣

豫讓橋縣南八里昔豫讓爲知伯報讐欲殺趙襄子伏其下明正統中知縣何子聰甃石爲之後人改名曰國士橋嘉靖中主簿趙田重修一在太平　清寧橋縣南三里　屈項橋縣南二十里屈項鋪北　關神橋縣東四十里橋闊八丈餘上壘小堰于兩旁下以流霍泉之水上以瀉山澗之水　永利橋縣北二十里鋪北橋闊三丈長十丈餘高二丈五尺明嘉靖間知縣賀國定建　青石橋縣北五里窪安鎭北門外橋闊一丈八尺長五丈餘高一丈餘知縣賀國定建

太平縣

西吉渡縣東南三十里　東吉渡縣東南三十五里　南王渡縣東南三十里　永固

渡縣東南三十里姚村渡縣東南三十里王村渡縣東南三十里裴村渡縣東南三十里蒼頭渡縣正東三十里下尉渡縣正東三十里丁村渡縣正東三十里毛村渡縣正東三十里史村渡縣東北四十里

洪濟橋縣南關金大定二十三年建元元統三年修明嘉靖萬曆天啓間知縣耿儒胡璉趙京仕俱重修國朝康熙二十年知縣吳軫重修義士橋縣南四十里蒙坑河溝之上以豫讓名明知縣李滸羅潮武城累修國朝康熙十年知府劉儀恕重修趙城亦有廣濟橋有三一在縣西門外一在縣西南七里俱明弘治間建一在縣東北十八里柴王村國朝順治十四年建普濟橋縣南二里太山廟側通善橋縣北二十五里故城鎮明萬曆間重修惠民橋有二一在南關明弘治間建一在故城鎮南惠遠橋縣南五里定興村北明嘉靖間建仙虹橋縣東南五里彭村北明正

德間建望汾橋縣東一里明弘治間建臨汾橋縣東十五里南賈村西南北富水橋二橋俱在縣北二十五里故城鎮內金皇統四年建通濟橋大張東南明嘉靖間建天啓間重修

岳陽縣

潼關隘縣北七十里石城內有官廳營房

千佛溝縣北五十里其溝甚深關隘堡口尚存

扶風橋有二一在北門外一在辛莊麗澤橋在金堆村

曲沃縣

鐵嶺關縣西南五十里隘口東倚絕巘西臨大壑迤南石色如黛峯峻徑仄車難並軌昔嘗置關于此

澮河橋縣西北二十里高縣北通濟橋縣西南三十里侯馬鎮南澮河上橋東西是晉平公與齊景公相會地汲冢瑣語云晉平公與齊景公乘至於澮上見人乘白驂八駟以來貍身而狐尾去其車而隨公之車公以問師曠曠曰貍身而狐尾其名曰首陽之神飲酒於霍太山而歸其逢君於澮乎君其有喜矣蓋於是水之上也金溝橋縣西南三十五里臨卩南金溝水上明萬曆間知縣王明善建懷遠橋縣南關廂明洪武間知縣官可初修交橋縣東南五里澮河上國朝康熙　年邑人賈生芝任之棟募修白集橋縣北二十里白集北舊有橋久毀國朝康熙　年知縣潘錦重修通津橋縣東北二十里郇村西北虹霽橋縣東南二十五里景明村瑞石園西獻文橋縣西南四十里驛橋春秋晉獻文子建村有文子廟今廢普濟橋縣東二十五里南屬寺月橋縣南二十里任莊

翼城縣

隆化鎮縣東四十里金定興三年置隆化縣至元廢東連烏嶺西臨翼城南聯絳縣北接浮山此實扼其要害焉**烏嶺關**半屬翼城半屬沁水爲河東澤潞咽喉地置弓兵十五名巡檢司屬沁水

關子門烏嶺之南可以通澤潞者惟此蹊徑險隘較烏嶺尤甚舊有石門今廢

西門橋縣西關外舊名阜順　國朝康熙乙亥地震圮邑人上官尌復建李質素有記**霖公橋**縣北門外舊名安定　國朝康熙甲子爲水所衝上官尌復建尌字霖公知縣司鈜印以名其橋有記

中丞橋縣北關東門外舊名永定圮于水　國朝癸亥邑人上官鉉復建有記行人德之稱爲中丞橋

廣運橋縣北門外氷清鎮東北知縣鄭之衡易以石有記知縣陳應富重修**通濟橋**縣西十三里陵下村東明天啓間建崇禎六年爲澗水所衝　國朝順治十二年邑人王廷諫募建南徙數十武增高丈

許

石橋 縣東五里石橋村南卽澮水橫橋高七尺橫五尺縱二丈許頂僅一石承重衝漲不漂相傳魯班建

偏橋 城東二十五里奉教村今名觀頭村世傳漢文帝訪道于河上翁翁曰願陛下偏橋言道帝行至偏橋受教焉卽此地又名偏橋莊

永濟橋 縣西南二十里湛清頭村北

永堅橋 縣東南二十五里南常村

普濟橋 城東南十里廟下村　國朝康熙壬午年邑人高中等募建

馬册橋 縣南十八里馬册村卽懷遠將軍何斯盛步戰劇賊吳思明處

敦義橋 澗峽村南明天啓二年丁應科建崔俊有記

信義橋 城東南十里北常鎮小灣溝　國朝順治九年建

汾西縣

通濟橋 縣西四里水潤鎮明萬曆間知縣毛炯建夏秋有渡

濟川橋 縣東三十里南關村

靈石縣

陰地關縣西南五十里卽南關鎮唐宋以來雄關横亘唐太宗取霍邑曾駐于此今關廢遺址猶存俗稱南關者因冷泉關在北也舊志載仁義鎮爲陰地關者誤　冷泉關縣北四十五里卽古川口也關外迤北皆平原曠野入此則左山右河中惟一線實南北咽喉之重地焉有渡昔按院未裁時爲汾平兩府迎送之所舊有公廨今廢

魚兒川縣東一百二十里綿山之内與沁源相界路通霍州岳陽武鄉趙城諸處山川險惡林木茂密先是流寇據爲淵藪刼掠焚擄擾害居民明萬曆初議修堡寨並置廵檢司未果

郭家溝縣南二十五里兩山高峙中界深溝明嘉靖間知府聶豹築臺起樓於溝南題名天險並建官廳三楹及窰洞數十空以爲防禦官軍止宿之所　磨兒溝俗呼磨子溝在縣東北三十五里溝東西有墩臺二在抱腹岩西北與介休相界

中流砥柱橋在南門外昔以鐵索繫兩岸舖板其上今廢其中流臺址尚存　天險橋舊名惠濟橋在郭家溝上明嘉靖間知縣稍騰漢建木梁歲久圮敝萬曆初知縣白夏易以磚石仍建吊橋於橋北深塹以遏敵衝題曰天險河東道僉事辛珍有記　仁義橋仁義鎮上　永固橋冷泉鎮西北明弘治間知縣黃鑑建今廢設有舡　雙池橋縣西雙池鎮　兩渡橋曹村里　索洲渡橋索洲鎮西　舡圪塔渡橋小水鎮西北　夏門渡橋夏門東　南關渡橋南關西　石曲渡橋在美里以上諸渡口俱汾河經流處冬春木石成橋夏秋撤去

蒲縣

黑龍關南北依山中建土城開東西二門舊設巡檢司今裁以把總駐防

蒲州

蒲津關 黄河西岸水經注曰汲冢竹書紀年魏襄王七年秦王來見于蒲坂關地理志河中府河西縣有蒲津關據此則唐以前皆以蒲坂蒲津爲名故雖在西岸猶必紀之　**風陵關** 州南六十里水經注云潼關之直北隔河有層阜巍然獨秀孤峙河陽世謂之風陵戴延之所謂風塠者也按風后冢在塠之下風陵或以此名王司寇士禎詩曰風陵塠上隔風煙郎在蒲州渡河時詩渡在今趙邨南距州六十里唐聖曆初置關明洪武八年設巡檢司今名風陵渡

蒲津渡 州西門外今名大慶關　**永樂渡** 州東南一百二十里黄河北岸明洪武四年設巡檢司

蒲津橋 州西門外横跨黄河即唐明皇所製浮橋今廢詳古蹟　**通濟橋** 州南十里鐵爐鋪前

孟盟橋 州東十里秦將孟明伐晉濟河焚舟盟師處　**平政橋** 州南五里　**大市橋** 迎熙

門外俗名弔橋

廣濟橋 彌勒洞前舊有小橋國朝康熙元年水漲橋潰六年郡人賈澄賈濬捐貲施石僧泣然募建石橋三眼有記

臨晉縣

吳王渡 縣西三十里黃河東岸昔有吳王二姓居此故名上有吳王寨即韓信渡河襲魏王豹處明洪武四年置巡檢司今裁

夾馬口渡 吳王寨南

貫底橋 縣東南二十里奉仙宮東舊在稍東以石建制極工巧因大水衝廢明萬曆二十六年稍移舊地復以石建係官路通衢

涑水橋 縣東南坑頭村舊爲土橋明洪武十六年主簿章琛易置石橋

城子埒橋 縣東南三十里中所通運城鹽車官路

水頭橋 縣東南二十三里白杜里

城東橋 縣東南二十里城鹽莊

城西橋 縣東南十八里令東里

白坊橋

胥村

橋縣東南二十里中所勃落頭橋縣南三十里勝光里杜家營橋縣東南五十里孳牧里土橋縣東南四十里右所

榮河縣

汾陰渡縣北后土祠後金南陽郡王代祀汾陰所設今廢白馬渡縣南十里元尚書范國英因擊逆黨設今廢新渡口縣北十里廟前鎮西

惠民橋縣南百峪口明正德十一年知縣馬安建今廢通濟橋縣南十里畨底村知縣馬安建今廢

猗氏縣

永濟橋縣西門外廣惠橋縣東門外二橋俱明萬曆間知縣黃道見磚修利民橋縣西

南十五里崔家灣今廢**杜村橋**縣南十里**涑水橋**縣東南八里西北行鹽要路明萬曆三十一年廵道詹思虞建**香落橋**縣西南十五里國朝順治九年邑人陳適月重修**原頭橋**邑令陶自悅倡建

萬泉縣

永利橋縣西門外唐時建明嘉靖初圮于水知縣王大節重建修撰呂涇野副使秦昂記後復頹隆慶中知縣李廷陳移建舊橋北易之以石行者便之天啓初知縣范文源擬迎門改建未果知縣劉鼎卿劉大猷相繼完工各曰三賢橋舉人王化淳記**永安橋**縣西二里許元泰定初縣尹楊思聰建明嘉靖初水圮知縣王大節重修**永濟橋**皇甫村明嘉靖間土人吳鶴齡建

河津縣

龍門關縣北二十里北魏唐並置關後廢明初置巡檢司有渡

修福渡縣南八里　黃村渡縣東南二十八里　黃河渡縣西十里黃河東岸夾間渡縣西南五十里夾間營故屯　新莊渡縣西南五十里曹家莊西　陶家營渡縣西南三十里平陽衛屯　雙營渡縣西南三十五里平陽衛屯俱黃河　湖潮渡縣西南十里

葫蘆灘浮橋縣西南十里知縣馬光遠捐工創建以上諸渡西通夏陽郎韓信以木罌渡河處明初大兵由葫蘆灘入關中亦此渡　倉底渡浮橋縣南八里知縣崔鳴鸞重修俱汾河

解州

長樂鎮東門外十里路村明洪武八年置巡檢司

通利橋州西二里大水澗上古有石板小橋明弘治十六年州人侯俊閻清等改造大石橋今被沙壓

西門橋 州西門外今廢

南門橋 州南門外國朝康熙初建

鳳尾橋 州西十五里賈村後鳳尾堰今廢

郇瑕橋 州北十五里近郇瑕故城故名俗呼羅义橋

祥鸞橋 郇瑕故城東郇今橋頭

金井橋 州西北十六里俗名侯村橋

麻村橋 州東北二十里以上五橋俱跨姚暹渠

涑水橋 州西北三十里三婁村西北與臨晋坑頭鎮相接嘗爲水淤沒明正德十六年鄉民復修石橋

安邑縣

聖惠鎮 縣西南二十里明洪武間置巡檢司

通惠橋 縣東門外明隆慶間知縣劉希孟建

弘濟橋 縣北門外知縣劉希孟建

大石橋 縣東十三里苦池灘南

北路村橋 運城北門外明嘉靖間鹽院曹邦輔建

西石橋 運城

西五里姚家莊

小石橋 縣北三十里王范村

夏縣

姚暹橋 縣南關外

涑水橋 縣西四十里曹張鎮東一里許明知縣陳世寶重建

水頭橋 去涑水橋西一里許明正德間建

巫咸橋 縣南門外明成化八年縣丞朱玘建隆慶間知縣陳世寶重修萬曆十四年被水衝毀十九年知縣高奎重建今圮

大南橋 南關覽勝樓下係巫谷口水漲易傾明隆慶間知縣陳世寶建萬曆十四年大水衝毀今廢

禹城東石橋 縣西十五里禹廟前横落渠之經流也明正德間建萬曆二年知縣陳世寶重建

卓義橋 縣南五里舊名五里橋明嘉靖八年邑民齊忠義募修改今名後因水圮齊忠義復募修隆慶四年復壞知縣陳世寶仍命忠義募修

弘遠橋 縣西南六里朱呂村其岸即李綽堰隆慶間知縣陳世寶建

聞喜縣

留莊隘縣東南七十里中條山上南通垣曲縣北接絳縣冷峪口

南橋南門外涑水上明嘉靖元年知縣張問行招僧可良募建知縣李朝綱閻倬劉倌史載德皆有力焉萬曆間知縣申田徐明增頂石立柱欄　國朝順治六年僧道方道忻募修康熙四十年知縣佟國琪重修

小石橋有二一在大西門外一在水西門外　東橋東關外涑水上流或謂截欄風脉　國朝康熙元年毀之　西橋縣西三里常家房子涑水下流　志橋縣西三里姚村明崇禎十三年重建　東鎮橋縣東三十里兩鎮之中明正德間知縣王琳建　金稷橋縣東五十里蘭德鎮東　橫水橋縣東六十里聞喜絳縣之界明正德十一年兩縣協修宋學顏有記今壞

平陸縣

茅津渡 縣東南二十里黃河北傅巖前明洪武三年置廵檢司水經注曰春秋文公三年秦伯伐晉自茅津濟封崤尸而還是也

大陽渡 縣南二里晉侯假道於虞許之八月晉侯圍上陽卽古巖城在渡北岸又晉滅虢渡河卽此

白浪渡 縣東南一百八十里黃河北舊置廵檢司

洪陽渡 縣西四十里葛趙村

三門七津 縣東五十里禹鑿砥柱洪三川有上中下三門上曰鬼門中曰神門下曰人門七津卽在砥柱之下七眼盤旋乃至險之處有云集津者

八政橋 縣東北三十里八政村口明萬曆間鹽院吳楷汪以時相繼修

芮城縣

橫嶺 縣東北六十里卽直岔嶺係中條山巔路通解州郡省京畿必由之孔道但村落遼遠地最荒凉明

萬曆四十年知縣趙庭琰創建關帝廟招道流居之
國朝順治六年兵變以來盗時竊發要刼過客至十八年
知縣王自修申請撫院撥蒲州營兵二十名防守其地
于是造營房砌石壘以安揷之屹然一關隘云

陌底渡 縣東南四十里王村一名竇津渡通河南靈寶縣水經注曰漢武微行栢谷遇辱竇門又感其妻深識之饋既返玉階厚賞賚焉賜以河津命其鬻渡今竇津者是也宋時建都汴梁條山北職貢部使者按行驛路由此故邵伯溫築待濟亭于河干以安賓旅明天啓後福藩分封于河南府食河東池鹽歲用船二十隻運載芮人苦之今止存船二隻以濟人行及運商取鹽馱達河南舊設廵檢司譏察非常今仍之

絳州

武平關 州西二十五里北齊時屯田于此防周

南門浮橋 州南門外汾河上舊以椿板成明萬曆三十一年監生許河施昜浮橋船板雖有損壞隨

時修補　國朝康熙六年知州劉顯第捐造渡船四隻本年九月修浮橋一座澮水浮橋城南五里西橫橋莊舊徵椿板於尉村等四里明萬曆三十三年橫橋莊義民賀守貴施易浮橋　國朝康熙四年知州劉顯第捐造新船澤掌橋城西北三十里澤掌鎮三林橋城西七里三林莊寨里橋城北三里明弘治十八年知州徐崇德建王馬橋有二城西八里一在南王馬一在北王馬水西橋城西北十二里孚惠橋城西北二十里三泉莊周村橋城西三十里周村隱身橋北關閣下俗傳宋太祖微時嘗隱身於此通津橋城東北二十里龍香里明正德九年建

稷山縣

玉壁渡縣西南八里汾水之陰元魏嘗置關後以爲渡今廢荊平渡縣南三里楊村渡縣西南十里薛村渡縣西南二十里苑曲渡縣東南五里有浮橋賈村渡縣東南十

里

崔莊渡縣東南二十里

通濟橋縣南三里汾河荊平渡口明萬曆間知縣謝承敎創設冬建夏拆歲以爲常設老人專管後知縣劉三錫捐俸造船十隻冬建浮橋民尤便之

利濟橋縣東北二里張廷贊記史三省史玠重修

通峪橋縣西北五里知縣劉三錫修改名永濟久廢

廣濟橋縣東二十里小杜村龍王溝義民王三畏募建

成夫橋縣南二十五里修善莊當稷王山水之衝省祭文世興捐貲搆造未完歿妻賀氏繼成夫志因名

永利橋縣東北五里澗東村西康熙三十二年知縣侯文爍重修

萬善橋縣東五里魚兒灣國朝康熙四十六年澗東村鄉耆張洪基等募修

利涉橋縣東北十五里西舍村西

復興橋縣南三十里翟店鎭西南邑人任振芳等募修

普渡橋縣西二十五里薛村

汾陽橋縣西十里吳城村東邑人吳尊德募修

汾河浮橋有四一在縣南二里許國朝康熙四十

二年邑人蘇騰募修一在莚曲西康熙三十八年劉弘先募修一在莚曲村東一在縣西十里李村現在倡捐造船以期永久又一在下費村今廢

絳縣

通遠橋 縣東二十里李册村明萬曆中知縣李大本建 **逆溝橋** 縣東十里明嘉靖間鄉民王仲英建萬曆中知縣黃維翰修 **通濟橋** 橫水鎮縣西南孔道接聞喜國朝康熙三十九年邑人王承祚募修

垣曲縣

橫嶺關 縣西八十里中條山路通河南爲晉要隘有廵檢司

濟民渡 縣南三里黃河北與沔池縣南對設舟以渡

迎恩橋縣西關　皋王橋縣城北　南關橋南關外半里　葛寨橋縣南五里近葛伯城　五龍橋縣西二十五里交斜村南　湯王橋縣西十里上亳城村　王公橋縣西三十里王茅里孫彪修　貫溝橋縣西北二十五里馬村　皋落橋縣西五十里皋落鎮東

霍州

鳳棲橋州北郭門外元初元帥程榮建　汾河橋州西郭門外每夏秋舟渡入冬修架春撤知州陳嘉言立規勒石于州　鄭家溝橋州南五里明正德間建嘉靖三十六年圯知州褚相重修有記

吉州

烏仁關州西六十里西臨黃河置廵檢司今裁　平渡關州西北一百二十里西臨黃河置廵檢司

龍門飛橋州西七十里壺口石峽上元末於石岸鑿孔樹樁往返纒以鐵索上架板橋以渡大兵

河東橋州東通城隍三官廟

小水橋州東門前環門有流泉入南澗

洪水橋州街中下有洪水穿城入河

旱水橋州北關

鄉寧縣

龍尾磧縣西一百里冬結水橋路通陝西韓城縣明洪武四年置廵檢司今裁

香爐崖南至師家灘二十里

師家灘南至石鼻崖五里

石鼻崖南至李家集二十里以上吉州營冬月防汛

李家集南至船窩三里

船窩鎮南至高石五里

高石崖南至橋子溝二里

橋子溝南至乾柴坡三里

乾柴坡南至禹門三十里以上平陽城守營冬月防汛俱係黄河一帶隘口

惠民橋縣西關外明萬曆中知縣焦守巳改建　永寧橋在舊城門外

隰州

廣武莊州西北一百二十里置廵檢司

永濟橋州東門外明弘治初知州王㬇建　龍泉橋州南二里相傳曾有龍見此　通濟橋州南三十里蒲水之上　横水橋州東北六十里衆山之水會聚於此　賀家橋州南十五里南峪村義民賀廷玉建　官道橋州北二十里蓬門村　曹城橋州南十五里　趨善橋州西千佛庵下

大寧縣

馬鬭關縣西七十里唐置關明洪武二年設渡通陝西榆林延綏諸路置廵檢司

上石橋縣西關水門外爲縣城右臂明崇禎六年知縣劉丕聲爲拒流寇毀之國朝康熙十八年知縣王維藩重修　燊吾橋縣東一里知縣韓士奎建　下石橋縣西關通秦門外　荷葉橋縣西荷葉溝口　麻東渡縣東麻東溝口　茨梅橋縣西半里　龍泉橋縣東半里　通濟橋　廣濟橋　弘濟橋俱在縣東五里小馮村

永和縣

永寧關縣西北十五里黃河岸路通陝西　興德關縣西六十里路通陝西延安府有渡　鐵羅關縣西南七十里路通陝西宜川有渡

懸橋縣北門外　義橋縣南門外　木橋演武場前　獨木橋縣西門外芝水經流其下